Niels Pflaeging | Julio Príncipe
Organizar para la Complejidad

NIELS PFLAEGING | JULIO PRÍNCIPE

ORGANIZAR PARA LA COMPLEJIDAD

Cómo reintegrar la vida
en el trabajo y crear la organización
de alto desempeño

beta
codex
press

Visita las páginas de la editora y de los autores:
www.betacodexpress.com I www.redforty2.com I www.betacodex.org

«Si de verdad quieres comprender algo,
intenta cambiarlo».

Kurt Lewin

Contenidos

Cómo usar este libro

Puede leer y usar este libro de diferentes maneras.

Como un libro de texto para pensar acerca de las organizaciones. Contiene una selección de potentes herramientas de pensamiento para una organización dinámica y robusta, todas ellas visualizadas e ilustradas. Algunos de los conceptos se basan en otros. Así que leer este libro de principio a fin puede ser una buena idea.

Como una fuente de inspiración. Encontrará ideas y sugerencias para cambiar su organización. Su trabajo de liderazgo. Su equipo. Las organizaciones de sus clientes.

Como un diccionario. La organización para la complejidad necesita un nuevo lenguaje; nuevos términos; distinciones precisas. Sin una terminología ni un vocabulario adecuados, concebir el cambio organizacional necesario para esta época será imposible de ser producido. Este libro está repleto de términos nuevos y precisos. Estos términos aparecen a menudo resaltados en el texto, y a veces entre paréntesis.

Como un libro de trabajo. El libro puede servirle de acompañante en los procesos de cambio o transformación; individualmente, o para equipos completos. Los consejos específicos al respecto se encuentran sobre todo en los capítulos 5 al 7. Al final del libro, hemos añadido algunas páginas para sus propias notas personales.

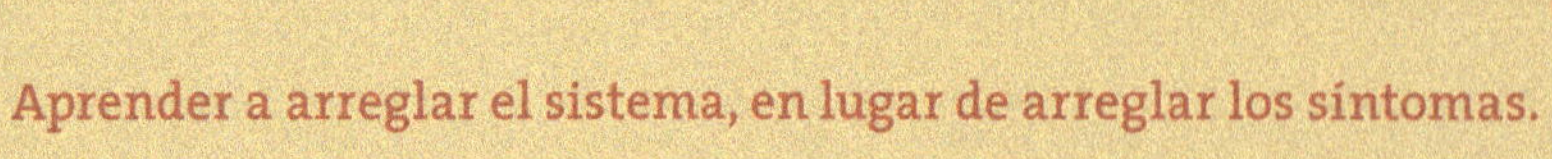

{ Aprender a arreglar el sistema, en lugar de arreglar los síntomas. }

Las mismas preguntas por todo lado

Este libro aborda cuestiones fundamentales de interés para empresarios, gerentes, agentes del cambio y consultores, pero también para profesionales en general.

Nos hacemos preguntas del tipo:

- ¿Cómo podemos ajustar una organización en crecimiento, sin caer en la trampa de la burocracia?
- ¿Cómo puede mi organización hacer frente a la creciente complejidad?
- ¿Cómo podemos ser más capaces de adaptarnos a las nuevas circunstancias?
- ¿Cómo podemos superar las barreras existentes al rendimiento, la innovación y el crecimiento?
- ¿Cómo puede mi compañía lograr un mayor compromiso y convertirse en una organización más adaptada al ser humano en general?
- ¿Cómo podemos producir un cambio profundo, sin chocar con un muro?

En este libro sostenemos que para abordar estas cuestiones debemos crear y mantener organizaciones que sean realmente robustas para la complejidad, así como aptas para los seres humanos. También analizamos cómo puede lograrse.

{ Aprenderás a diseñar tu organización para la complejidad independientemente del tamaño, la edad, el sector, el país o la cultura. }

Parte

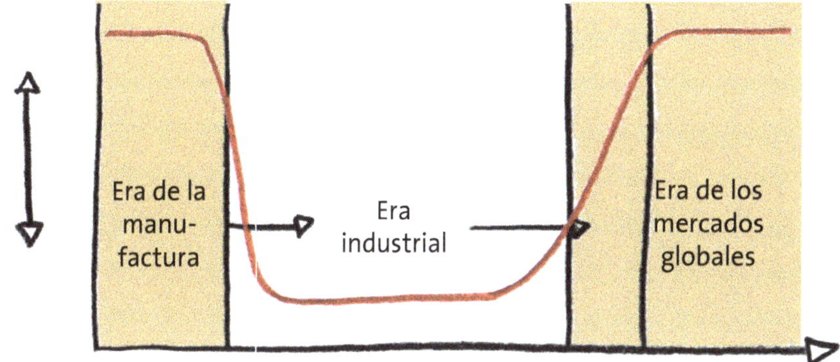

1

La complejidad: Por qué es importante para el trabajo y las organizaciones

(A lo grande)

Management, la tecnología social: Auge y caída de una idea brillante

En 1911, Frederick W. Taylor publicó su histórico libro *Los principios científicos de la administración*. **Propuso su nueva marca de ciencia organizacional como nada menos que una «revolución»** que eliminaría las limitaciones de productividad de la organización de la era industrial. El taylorismo, en efecto, consiguió precisamente eso. Taylor se convirtió en el fundador del *management* como método organizacional que daría alas a la búsqueda de la eficiencia de la era industrial.

La idea pionera de Taylor fue **dividir consistentemente una organización entre personas pensantes (gerentes) y personas operativas (trabajadores),** legitimando así la profesión gerencial como la de director pensante de los recursos humanos no pensantes. Taylor también introdujo la división funcional en el trabajo en el taller. Sus conceptos fueron pronto tachados de inhumanos y no científicos, y sus métodos de consultoría, de ineficaces. Pero Taylor era un visionario con el sueño de pacificar a los trabajadores y a los gerentes a través del aumento de la eficiencia que beneficiaría a todos. El principio de división se convirtió en el ADN de la gestión, la tecnología social: la división jerárquica y funcional se adoptó ampliamente tras la muerte de Taylor en 1915, y con gran efecto. Sus principios se aplicaron más tarde al trabajo no industrial, no de taller, sino, de hecho, a todo tipo de trabajo. La gestión, tal como la conocemos hoy, no es muy diferente de lo que Taylor propuso hace un siglo. Sin embargo, como veremos, el mando y control se ha vuelto tóxico tanto para el rendimiento de la organización como para el progreso humano y social.

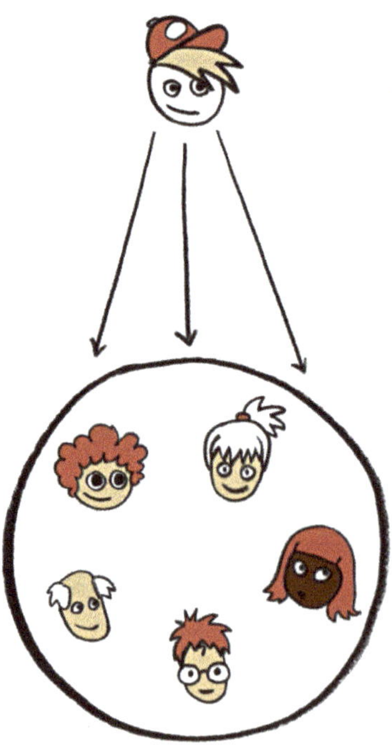

{ Llamamos a la gestión taylorista, Alfa. }

El precio del reduccionismo:
Tres brechas sistémicas causadas por el management

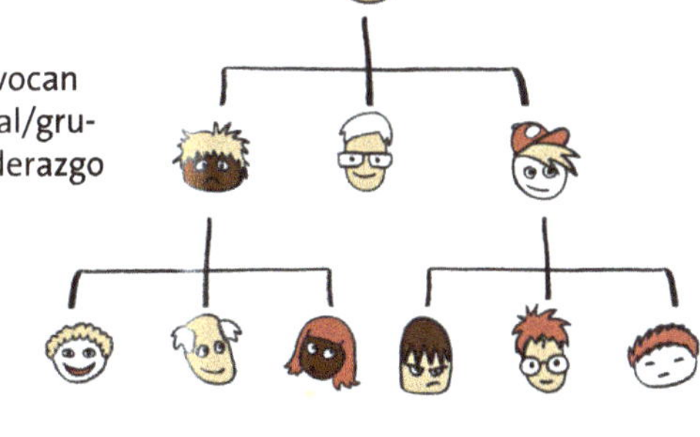

1. La brecha social

La división jerárquica y el control descendente provocan una erosión de la presión de pares y el diálogo social/grupal, y un sesgo hacia la gestión por números y el liderazgo por miedo.

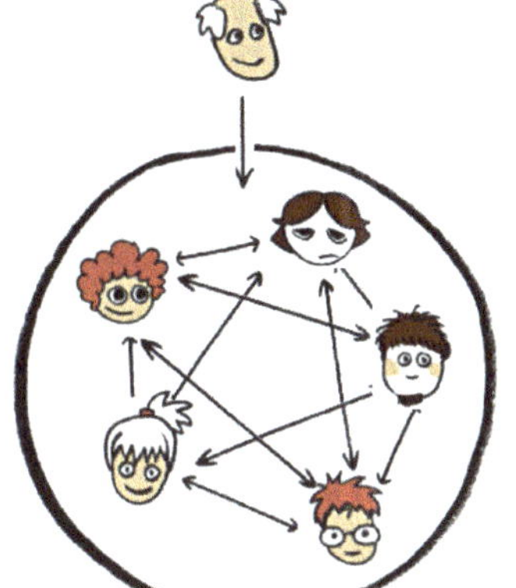

2. La brecha funcional

La división funcional conduce a responsabilidades estrechas y fragmentadas. Produce una necesidad de coordinación dirigida/impuesta a través del control de procesos, interfaces, planificación, reglas, normas, poder jerárquico, etc.

3. La brecha del tiempo

La división entre los que piensan y los que no piensan, entre la planificación y la ejecución, se traduce en la necesidad de funciones dirigidas/impuestas, TI complicadas, estrategia, objetivos, previsión y planificación.

Nada de esto se siente bien. Nada de esto crea valor para las personas, los clientes o los propietarios: las tres brechas conducen al desperdicio. Es un precio muy alto por la ilusión de control.

El curso histórico de la dinámica de los mercados y el reciente auge de los mercados complejos y globales

Llamamos al gráfico mostrado a la derecha la «Bañera Taylor».

La era industrial trajo consigo un breve periodo de mercados masivos, amplios y de rápido crecimiento, con relativamente poca competencia. Los monopolios u oligopolios dominaban, los mercados eran aburridos o lentos. Durante ese periodo, Alfa se convirtió en el modelo organizacional estándar porque era posible, por primera vez en la historia de la humanidad, eliminar en gran medida la complejidad de la creación de valor con la ayuda de máquinas y estándares. Para esta tarea, el taylorismo, o Alfa, era la solución perfecta.

Pero esos días se acabaron. **La creación de valor altamente dinámica resurgió en torno a la década de 1970,** debido al auge de los mercados globales de alta competencia y al retorno de una demanda más individualizada, lo cual hizo que la personalización fuera primordial y provocó la «personalización en masa».

A su vez, la creación de valor altamente dinámico exige un aumento de la parte humana en los procesos de resolución de problemas. Ahora Alfa se convirtió en un obstáculo.

* Los términos dinámica y complejidad se usarán indistintamente a lo largo del libro, la mayor parte del tiempo en aras de la simplicidad.

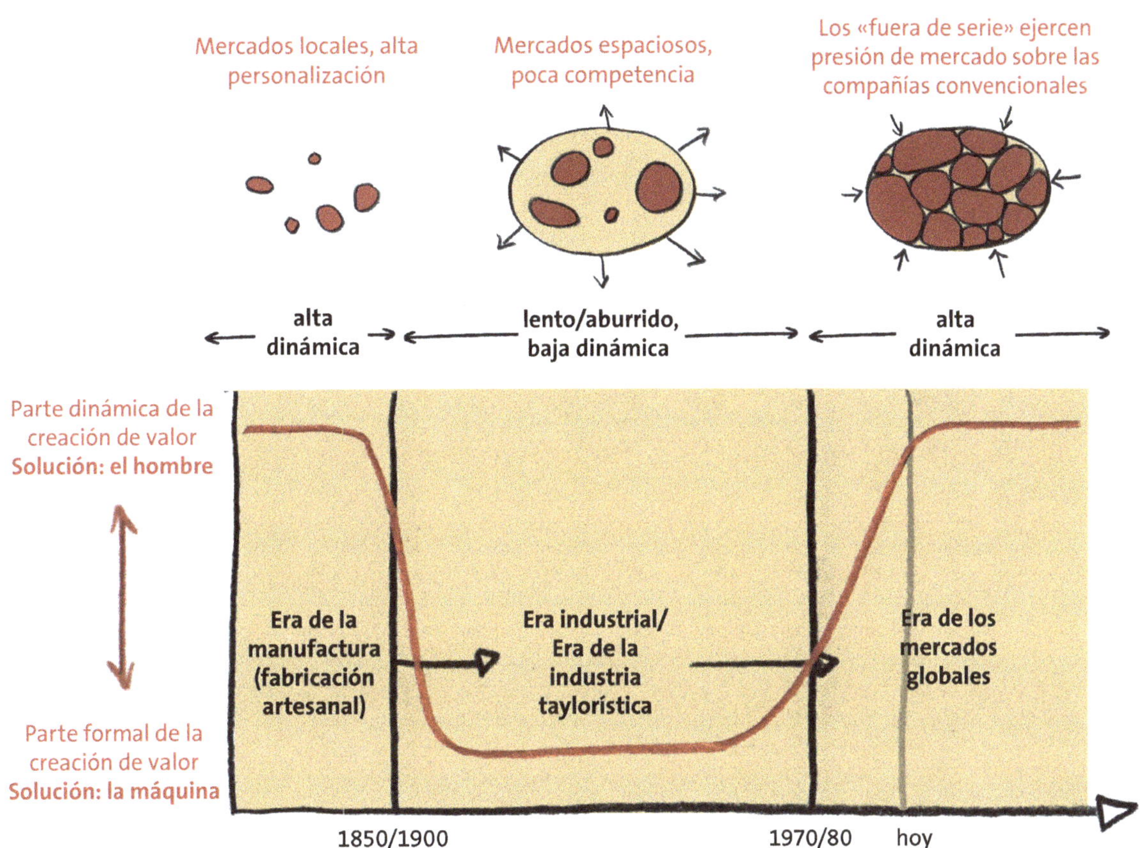

{ El predominio de la alta dinámica y la complejidad no es ni bueno ni malo. Es un hecho histórico. }

La diferencia entre
lo complicado y lo complejo

Sistemas complicados operan de forma estandarizada. En los sistemas complicados la imprecisión disminuye y la no objetividad y la incertidumbre se reducen al máximo. Un sistema de este tipo puede describirse mediante cadenas de causa y efecto no ambiguas. Es controlable externamente.

Cualquier máquina de alta precisión es complicada: todo se hace para evitar la ambigüedad y aumentar la exactitud. Un reloj, por ejemplo, se calibra para disminuir los errores y la incertidumbre. Está configurado para proporcionar datos objetivos, certeza y un mínimo de ilusión.

Sistemas complejos producen sorpresas. Tienen presencia o participación de seres vivos. Son sistemas vivos, por eso pueden cambiar en cualquier momento. Estos sistemas solo son observables externamente, no son controlables.

El comportamiento de un sistema complejo no es predecible. En un sistema complejo, es natural que haya un nivel de error, incertidumbre e ilusión mucho mayor que en los sistemas complicados. Un sistema complejo puede poseer elementos que funcionen de forma estandarizada, pero su interacción estaría en constante cambio, de formas discontinuas.

{ Tratar las organizaciones complejas como sistemas complicados es un error fundamental de pensamiento, una sobresimplificación. }

Consecuencias de la complejidad: La importancia de la maestría para la resolución de problemas de la actualidad

La única «cosa» capaz de enfrentarse eficazmente a la complejidad es el ser humano.

Lo que importa en la complejidad, en lo que respecta a la resolución de problemas, no son ni las herramientas, ni la estandarización, ni las reglas, ni las estructuras, ni los procesos, todas esas cosas que solían servirnos en la era industrial y sus aburridos mercados.

En la complejidad, la pregunta no es cómo resolver un problema sino quién puede hacerlo. Lo que importa ahora es la gente hábil, con maestría o destreza. Personas con ideas. Los llamamos profesionales, y si estos tienen alumnos son considerados maestros.

La resolución de problemas en un sistema sin vida tiene que ver con instrucciones.

La resolución de problemas en un sistema vivo tiene que ver con la comunicación.

{ La complejidad no se puede gestionar ni reducir.
Solo podemos enfrentarnos a ella con la maestría humana. }

La paradoja de la mejora: En la complejidad, trabajar en partes separadas no mejora el todo. En realidad, perjudica al todo

Trabajar sobre partes individuales del sistema no mejora el funcionamiento del todo: en un sistema no importan tanto las piezas sino su ajuste.

Lo que realmente mejora un sistema en su conjunto es trabajar no en las partes en sí, sino en las interacciones entre las partes. Se podría llamar a esta actitud «liderazgo».

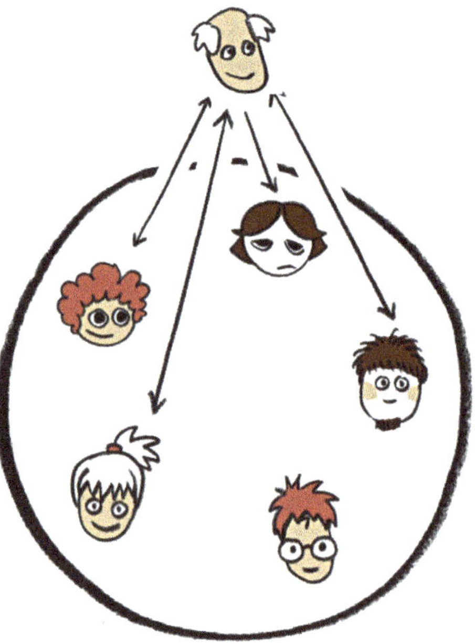

Pensar y actuar mecanicistamente, de forma aditiva

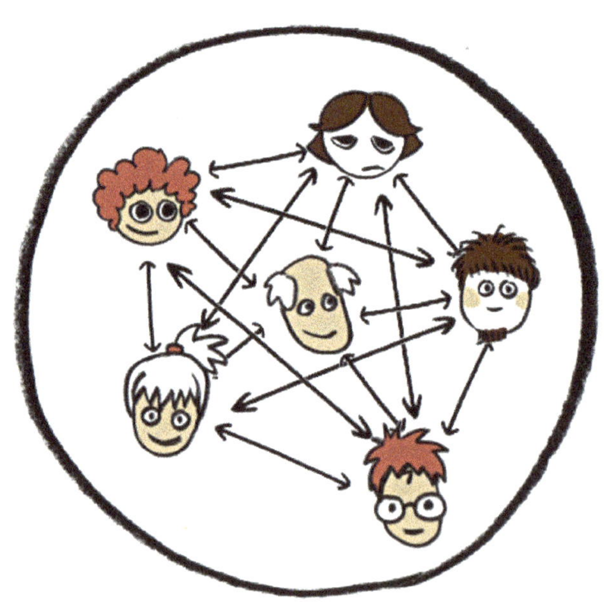

Pensar y actuar sistémicamente

{ Los sistemas no se mejoran retocando las piezas, sino trabajando en sus interacciones. }

¿Síntomas o problemas?
No todo lo que parece un problema lo es en realidad

La mayoría de las veces, cuando hablamos de «problemas» en el contexto del trabajo y las organizaciones, estamos realmente hablando de síntomas: efectos visibles y palpables de un problema. Entre ellos se encuentran los defectos, los errores, los fallos o la impuntualidad, y la resistencia al cambio.

Una sencilla herramienta de pensamiento que ayuda a «afinar» los problemas y a llegar a las raíces de los síntomas del problema es la técnica de los «5 porqués», que se hizo famosa gracias a Toyota. Evite caer en la tentación de sacar conclusiones o soluciones apresuradas cuando se observan síntomas.

El intento de encontrar soluciones solo para los síntomas, o de manipularlos antes de entender el problema, se llama activismo.

En los problemas de complejidad las partes enrevesadas tienden a estar conectadas, creando enredos. Por ello, a menudo los problemas individuales no pueden resolverse de forma aislada. Del mismo modo que un número incontable de hojas de nenúfar puede cubrir la superficie de un lago, todas ellas procedentes de una o unas pocas plantas enraizadas en el fondo del lago. En las organizaciones se pueden encontrar cientos de síntomas de problemas, pero solo un puñado de problemas que, por su vez, pueden remontarse a uno o dos enredos. Actuando sobre los enredos con soluciones adecuadamente complejas, muchos problemas se disuelven. Las herramientas por si solo generalmente no son adecuadas para tratar los enredos.

{ El activismo fomenta el fracaso y hace imposible el aprendizaje. }

Consecuencias de la complejidad: La importancia de dominar la resolución de problemas en contextos dinámicos

En los mercados lentos, el éxito de la organización se produjo aplicando métodos y repertorios de comportamiento Alfa. Por lo tanto, las personas de muchas organizaciones conocen y dominan solo este tipo de repertorio. Es similar a haberse criado en Inglaterra y estar acostumbrado a conducir por el lado izquierdo del tráfico.

Tendemos a atribuir el éxito experimentado a nuestro propio repertorio de comportamiento: «Tuve éxito porque actué así y así». **De hecho, tuvimos éxito porque el comportamiento coincidía con el contexto.**

Hoy, en dinámica altas, el éxito exige otro repertorio, adecuado a este nuevo contexto, pero también uno que apenas se ha practicado o aprendido. Este nuevo repertorio puede ser incluso ridiculizado. Entonces se dice: «Las habilidades blandas son para la gente que no sabe nada más», o «Eso es algo bonito de tener, pero no es relevante para el rendimiento». El fracaso se atribuye a los cambios de contexto, pero no a nuestro propio comportamiento.
Así que las organizaciones de hoy en día tienden a tratar mal a los problemas por reflejo. Es como intentar conducir un coche en Inglaterra después de haber llegado al país.

{ Debemos reentrenar nuestros reflejos. }

Parte

2

Humanos en el trabajo: El ingrediente secreto

(Cómo realizar y capturar el potencial humano)

El ser humano trabajador:
La perspicaz distinción de McGregor

Pregúntate:
¿Cuál de estas teorías me describe a mí y cuál a las personas que me rodean?

	Teoría X	Teoría Y
Actitud	A la gente no le gusta el trabajo, lo encuentra aburrido y lo evita si puede	La gente necesita trabajar y quiere interesarse por ello. En las condiciones adecuadas, pueden disfrutarlo
Dirección	Hay que obligar o sobornar a la gente para que haga el esfuerzo correcto	La gente se (auto)dirigirá hacia un objetivo que acepta
Responsabilidad	La gente prefiere ser dirigida que aceptar la responsabilidad (la evita)	La gente buscará y aceptará la responsabilidad bajo las condiciones adecuadas
Motivación	La gente está motivada principalmente por el dinero y el miedo a su seguridad laboral	En las condiciones adecuadas, las personas están motivadas por el deseo de realizar su propio potencial
Creatividad	La mayoría de la gente tiene poca creatividad, excepto cuando se trata de burlar las normas	La creatividad y el ingenio están ampliamente distribuidos y sumamente infrautilizados

Según Douglas McGregor, *El Lado Humano de las Organizaciones*, 1960.

La naturaleza humana en el trabajo: Tenemos un problema de observación

Cuando se pregunta qué teoría sobre la naturaleza humana –X o Y– nos describe, todo el mundo lo sabe inmediatamente: «¡Soy un tipo de persona de la Teoría Y!». Sin embargo, cuando se pregunta por otras personas, la respuesta no suele ser tan clara. ¿Acaso no hemos experimentado muchas veces en nuestra vida a personas de la Teoría X? ¿En el trabajo? ¿En nuestras organizaciones?

Douglas McGregor, en su obra seminal de 1960, distinguió entre dos imágenes de la naturaleza humana, de las cuales solo una es «verdadera», en el sentido de que se sostiene ante la ciencia y la teoría disponible. **La otra, la Teoría X, no es más que un prejuicio que tenemos sobre otras personas.** Hay dos razones por las que este pensamiento sigue siendo básico, a pesar de ser supersticioso. En primer lugar, refleja el pensamiento común de nuestro pasado predemocrático y preilustrado. En segundo lugar, al observar el comportamiento de otras personas, tendemos a sacar conclusiones sobre su naturaleza humana, ignorando a menudo el contexto que determina el comportamiento. Al resultado lo llamamos cinismo ingenuo.

Esto es importante porque las suposiciones que tenemos sobre otras personas conforman nuestro comportamiento y la forma en que tendemos a diseñar y dirigir las organizaciones. Si se cree en la existencia de seres humanos de la Teoría X, el diseño de sistemas de mando y control será el siguiente, para construir organizaciones robustas en cuanto a complejidad se necesita una visión compartida, ilustrada y refinada de la naturaleza humana.

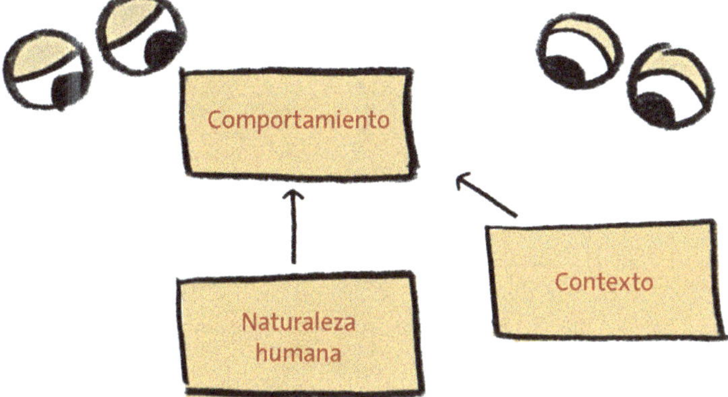

{ No podemos actuar sobre los sistemas, el liderazgo, el desempeño o el cambio de forma coherente si no nos ponemos de acuerdo de antemano sobre los supuestos que tenemos sobre la naturaleza humana. }

La naturaleza de la motivación y por qué los «líderes» no pueden motivar

Las personas se mueven por motivos. Así pues, todo el mundo es «portador de motivos», o está «intrínsecamente motivado». Sin embargo, los niveles específicos o el predominio de los distintos motivos varían mucho entre los individuos.

Lo que esto significa para las organizaciones, o los empleadores, es que no pueden motivar porque la motivación está. Lo principal que pueden hacer las organizaciones para estimular el desempeño es facilitar las opciones de conexión entre los individuos y en toda la organización, a través del propósito y el trabajo significativo. **Llamamos conectividad al fenómeno en donde un individuo se conecta voluntariamente al trabajo y la organización.**

Por desgracia, la creencia en el mito del poder motivador de los líderes sigue estando muy extendida. La verdad es que, debido a la naturaleza intrínseca de la motivación, los líderes, con su comportamiento, solo pueden desmotivar o, en el mejor de los casos, crear el contexto para que la motivación aparezca.

{ Cualquier intento de motivar solo lleva a la desmotivación. }

La mayoría de las herramientas de gestión conocidas y las prácticas organizacionales son ineficaces o directamente perjudiciales

Se puede discutir el porcentaje exacto, pero Drucker tenía razón con
su conclusión, en general. Sin embargo, la pregunta sigue siendo:
¿cuál es ese 90 %?

La distinción de McGregor es muy útil para responder a esta pregunta: todas las prácticas que se basan en los supuestos de la Teoría
X y están diseñadas para   deben ser ineficaces o incluso peligro-
sas. He aquí algunos ejemplos.

Organigramas

Evaluación de desempeño / 360°

«Meritocracia»

Solicitud de vacaciones

Títulos de cargos

Horas de oficina/ control de horas laborales

Pago de horas extra

Bonos, incentivos

Gestión del conocimiento

Clasificación forzada

Estructura lineal/ Estructura matricial

OKRs

Oficinas con vista exterior

Planeamiento estratégico

Objetivos individuales

Códigos de vestimenta formales

Cuotas

Descripciones de puesto

Negociación de objetivos

Dirección por objetivos

Encuestas de cultura

Gestión por competencias

Centros de desarrollo

Cuestionarios de empleados

Franjas salariales

Cajas de sugerencias

Desarrollo de personal

Assessment Centers

Capacitación (presupuestos)

Costos de personal

Pago por desempeño

Planeamiento de la sucesión

Planes de carrera

Políticas de viaje

Presupuestos

Estacionamientos divididos por estatus

Derechos de firma

Pagos de acuerdo a la posición

Comités directivos

Apreciar las diferencias de comportamiento: Personas y preferencias

El comportamiento de un individuo también está fuertemente influenciado por sus preferencias. El concepto de «preferencias» fue introducido por Carl G. Jung en su obra pionera *Tipos Psicológicos*.

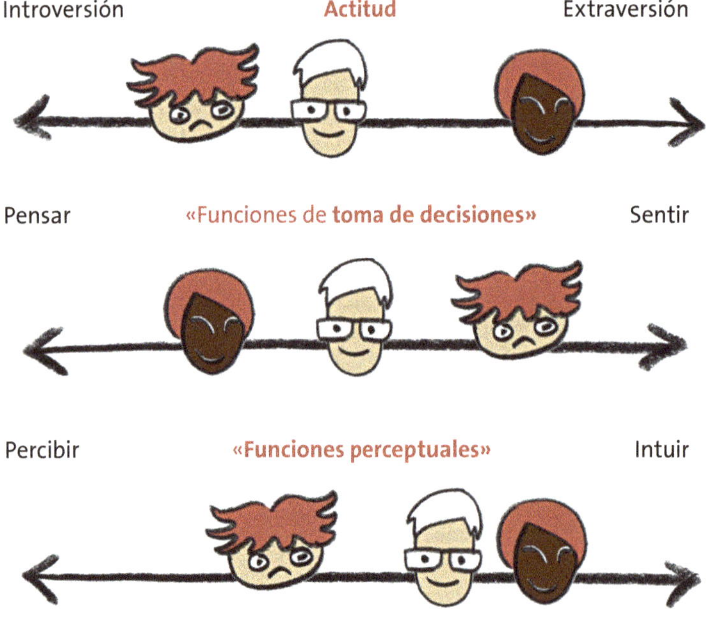

Actitud

Jung diferenció los tipos según su actitud general. La actitud describe la tendencia de las personas a reaccionar más a las experiencias externas o internas.

«Funciones de toma de decisiones»

Las personas «cabeza», prefieren tomar decisiones pensando bien las cosas, racionalmente, usando la «función del pensamiento». Las personas «corazón» prefieren evaluar y tomar decisiones subjetivamente usando la «función del sentimiento».

«Funciones perceptuales»

Vemos el mundo utilizando una combinación de la «percepción» para registrar los detalles sensoriales, y la «intuición» para ver patrones, establecer conexiones e interpretar el significado a partir de la imagen global.

Aprovechando las diferencias de preferencias para afrontar la complejidad

Existe una gran variedad de comportamientos dentro de las tres categorías de preferencias, dependiendo de en qué lugar de cada una de las tres escalas se sitúe el comportamiento de la persona. La mayoría de ellas no serán extremas, sino casi equilibradas; como tales, pueden ser más difíciles de leer.

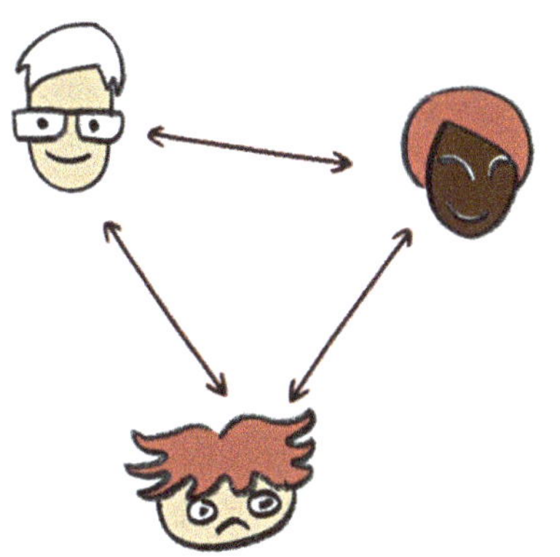

Todas las personas tienen la capacidad de utilizar cualquiera de los dos lados de la escala, aunque todos tenemos preferencias por un lado más que por el otro la mayoría de las veces.

Cuando personas con diferentes preferencias trabajan juntas, pueden complementarse.

{ En la complejidad, la diversidad de motivaciones y preferencias puede ser una ventaja o una desventaja, dependiendo del nivel de autorreflexión presente. }

La complejidad de la individualidad humana: Una mirada general

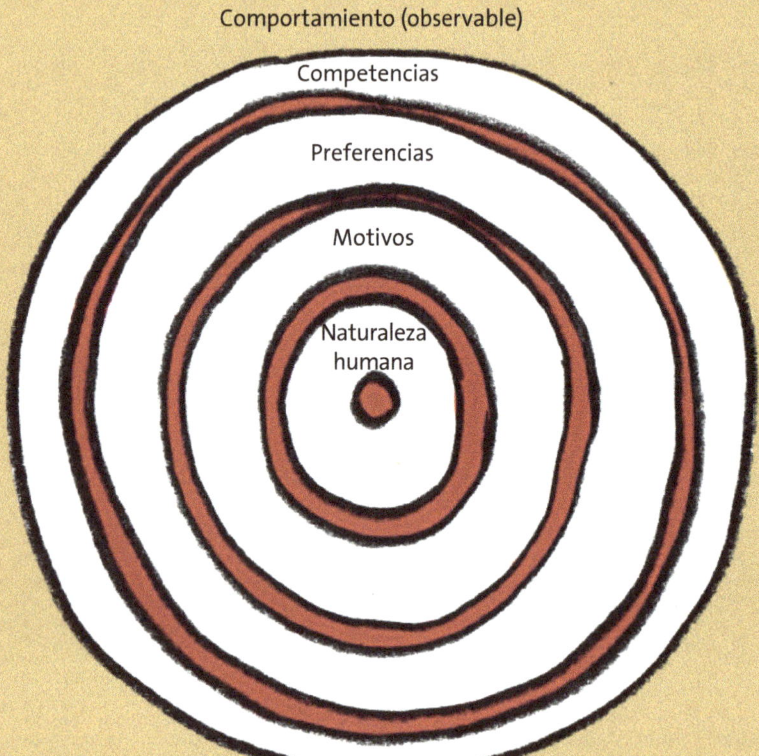

El **comportamiento está moldeado por motivos, preferencias y competencias.** Los motivos son bastante estables a lo largo del tiempo: describen la importancia de ciertos objetivos para el individuo. En cambio, las preferencias pueden evolucionar a lo largo de la vida en función del entorno, los retos y los objetivos personales.

Los motivos y las preferencias, combinados, influyen en nuestro interés por adquirir determinadas competencias: las habilidades están presentes o se pueden obtener. Las competencias, por tanto, están directamente relacionadas con el **aprendizaje**.

Como hemos visto, solo el comportamiento es fácil y rápidamente observable. También es relativamente sencillo describir las competencias de un individuo. Con un poco más de trabajo aún, se pueden trazar y describir las preferencias. La identificación adecuada de los motivos de alguien requiere aún más esfuerzo y delicadeza. La naturaleza humana, en sí misma, no puede observarse en absoluto: es una cuestión de convicción, o parte de las construcciones sociales que tenemos.

{ Observar el comportamiento nos seduce para juzgar (erróneamente) las competencias de los demás, los motivos o incluso su naturaleza. La organización compleja y sólida requiere, en cambio, un alto nivel de conciencia de nosotros mismos y de los demás. }

Competencia individual vs. competencia colectiva

«Aprendimos que la experiencia individual no distinguía a las personas de alto desempeño. Lo que las distingue son las redes personales más amplias y diversificadas».

«Los ingenieros son aproximadamente cinco veces más propensos a recurrir a una persona por información que a una fuente impersonal como una base de datos».

Cross, Rob et. al., *The Hidden Power of Social Networks*.
Boston: Harvard Business School Press, 2004.

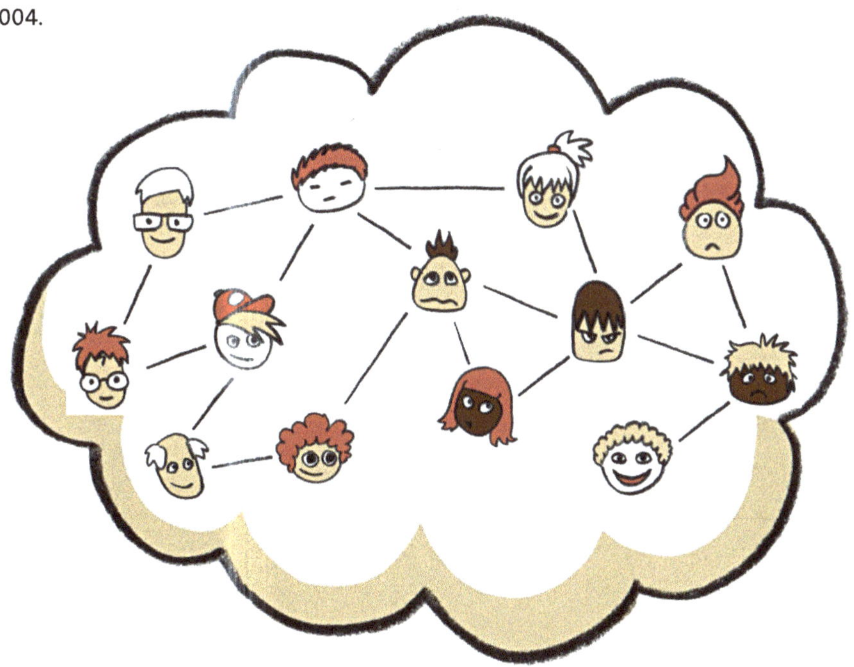

Muchas organizaciones están obsesionadas con los resultados individuales. Pero el desempeño individual es, de hecho, un mito

El desempeño individual no solo está sobrevalorado. En las organizaciones simplemente no existe.

¿Por qué? Porque los valores o los resultados nunca surgen de la acción individual, sino de la interacción **entre varios individuos, o dentro de los equipos.** Un vendedor solo hace una parte de la venta; las otras partes las hacen el personal de *back office*, personal de producción y compras, contables y profesionales de recursos humanos.

Lo que también significa que las competencias y habilidades individuales tienen relativamente poca importancia para una organización. Son las competencias y habilidades colectivas aplicadas en el sistema las que marcan la diferencia.

Dado que la interdependencia es omnipresente en las organizaciones, tratar de definir objetivos individuales, o medir el desempeño individual, conduce al engaño.

{ La evaluación del «desempeño individual» solo puede tener un efecto desmotivador en las personas y dañar el espíritu de equipo. }

Las personas se comunican y conectan de maneras muy diferentes: Sobre los arquetipos de comunicadores

Los *hubs* extraen y difunden la información.

Los *guardianes* gestionan cuidadosamente los flujos de información.

Los *pulsadores* son grandes observadores de la gente.

Karen Stephenson, *Quantum Theory of Trust*. Harlow: Pearson Education Ltd, 2005.

Los *conectores* prefieren intercambiar información con muchas personas.

Los *expertos* son especialistas y agentes de información con la necesidad de compartir.

Los *vendedores* son maestros en convencer y negociar.

Malcolm Gladwell, *The Tipping Point*. Boston: Back Bay Books, 2002.

No es importante cuál de estos modelos es «verdadero» o «mejor»: ofrecen una gran ventaja a la hora de comprender los patrones sociales y las diversas formas de actuar. Aprovéchalos o ignóralos por tu cuenta y riesgo.

El enigma del aprendizaje:
Los datos y la información no hacen la inteligencia

Datos	Información	Conocimiento	Maestría
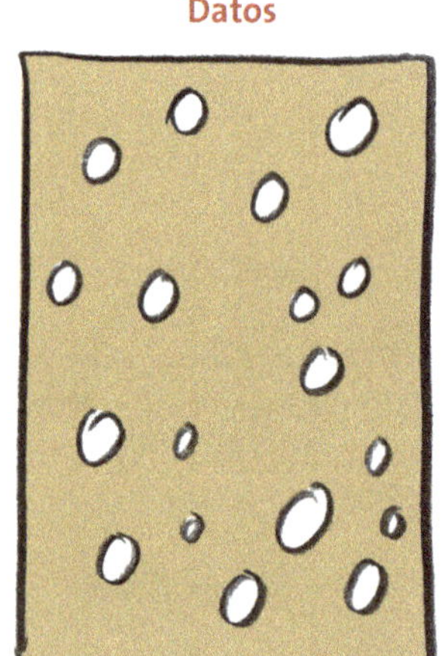			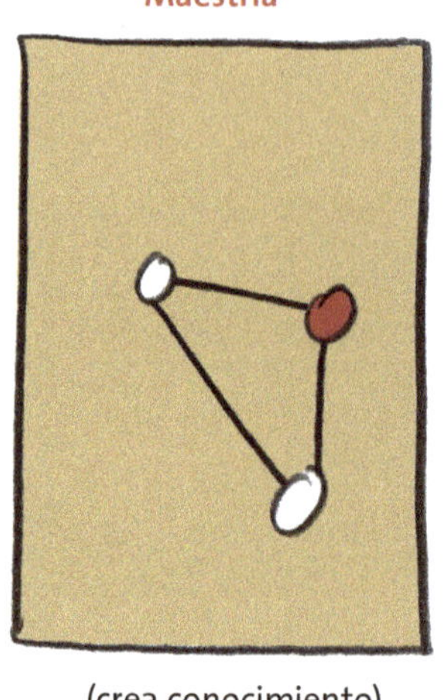
		(crea sentido)	(crea conocimiento)

Mediante la contextualización, los datos pueden transformarse en información.
Tanto los datos como la información son inertes: pueden almacenarse y son independientes de los portadores humanos.

El conocimiento es diferente: requiere la asimilación humana, o el aprendizaje. El estudio, la experiencia y la enseñanza son elementos que permiten el aprendizaje. El conocimiento puede ser aplicado a problemas conocidos por parte de quienes han aprendido habilidades o han desarrollado experiencia.

La maestría es la capacidad humana de resolver nuevos problemas. Solo puede ser desarrollada por medio de la práctica. Lo llamamos «práctica disciplinada».

{ Las modas como la analítica empresarial, la gestión del conocimiento y el «big data» nunca harán que las organizaciones estén preparadas para la complejidad. }

Parte

Equipos autoorganizados y la organización en red

(De los viejos principios de diseño a otros nuevos y mejores)

Formando equipos:
El fenómeno del trozar

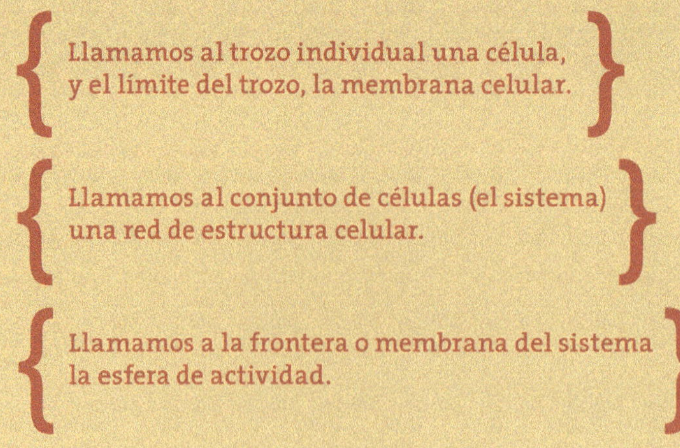

«**La idea de trozar:** un grupo de elementos se percibe como un único trozo *('chunk')*. El límite del trozo es un poco como una membrana celular o una frontera nacional. Establece una identidad propia para el grupo que lo compone. Según el contexto, se puede ignorar la estructura interna del trozo o tenerla en cuenta».

Douglas Hofstädter: *Gödel, Escher, Bach.* New York: Basic Books, 1979.

Llamamos al trozo individual una célula,
y el límite del trozo, la membrana celular.

Llamamos al conjunto de células (el sistema)
una red de estructura celular.

Llamamos a la frontera o membrana del sistema
la esfera de actividad.

Organizar el trabajo: Formas comunes de «trozar» y dónde está la diferencia

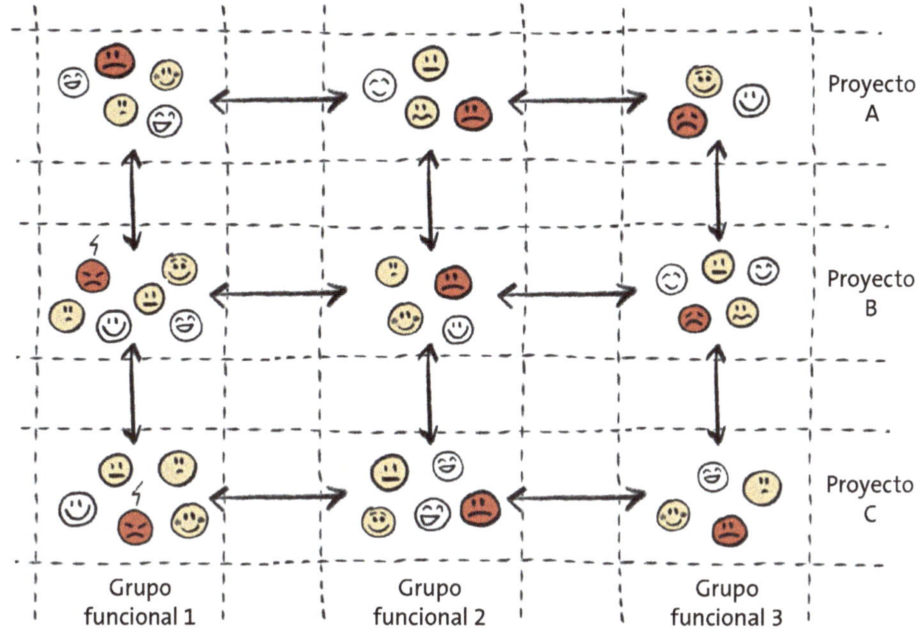

Principio de diseño Beta de acuerdo con el trabajo: Los equipos son multifuncionales, interdisciplinarios o integrados funcionalmente. «Individuos diversos que trabajan de forma interconectada, unos con otros y para otros», que se comprometen a colaborar para alcanzar un objetivo común.

Principio de diseño Alfa de acuerdo con las funciones: Los grupos son unifuncionales, o funcionalmente diferenciados. «Individuos similares que trabajan uno al lado del otro en paralelo», eventualmente compitiendo entre sí.

{ «Equipo» y «grupo» son dos conceptos totalmente diferentes. }

Mando y control descendente frente a la autoorganización

Control a través de los jefes. La información fluye hacia arriba, las órdenes fluyen hacia abajo. Toma de decisiones de arriba abajo. Uso de normas para la contención y el cumplimiento.

Autorregulación dentro del equipo.
Control a través de la presión de los pares y la transparencia.
Principios y responsabilidad compartida.

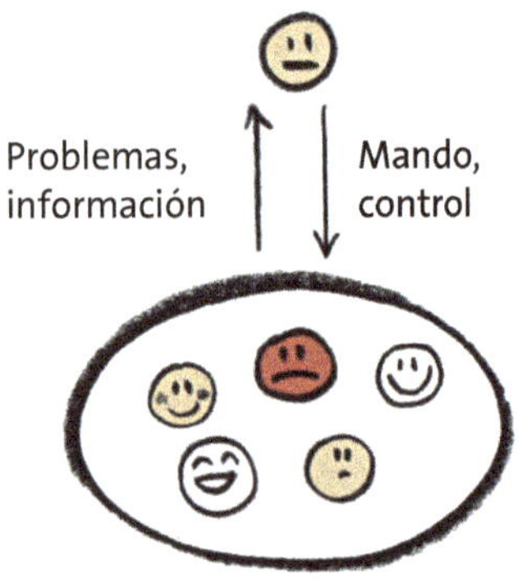

Límites: reglas, responsabilidades, descripción de puestos

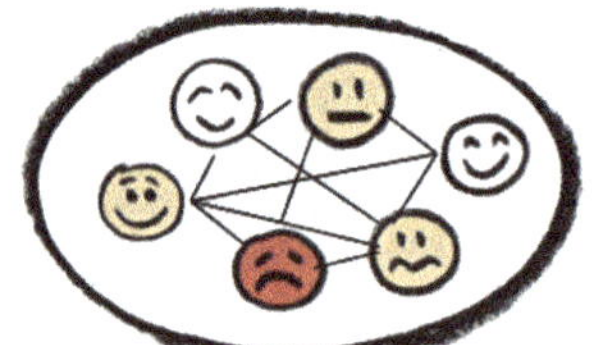

Transparencia radical, densidad social, presión del grupo

Límites: valores, principios, roles, objetivos externos compartidos

Autoorganización no es el término «correcto».
Mejor sería: organización de mercado socialmente densa.

Aprovechando la presión social

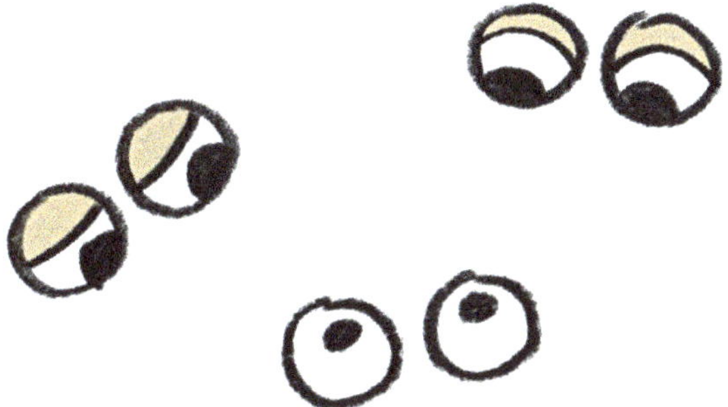

Así es como se produce la «presión social» o «presión de grupo»

1. Que la gente se identifique con un pequeño grupo.

2. Que tengan una responsabilidad compartida para metas compartidas.

3. Que toda la información sea abierta y transparente para el equipo.

4. Que la información sobre desempeño sea comparable entre equipos.

{ La presión social utilizada correctamente: mucho más poderosa que la jerarquía sin efectos secundarios perjudiciales. }

La autoorganización debe basarse en equipos

En última instancia, la organización para la complejidad y la autoorganización consisten siempre en empoderar a los equipos...

...no en empoderar individuos.

{ Al movimiento de empoderamiento de la década de 1990 se le pasó esto. }

Una aparente paradoja: Ceder el poder y descentralizar la toma de decisiones a los equipos incrementa el estatus de todos

Desempeño bajo o promedio

Desempeño alto o superior

Comunicación entre equipos

Principio de diseño Alfa:

Coordinación/comunicación a través de un directivo, general-mente combinada con la división funcional; taylorismo.

Esto es suficiente en los mercados aburridos.

Principio de diseño Beta:

Coordinación/comunicación no a través de un gestor, sino lateralmente, muchas veces combinada con mecanismos de tipo mercado.

Esto es superior y más potente en los mercados dinámicos.

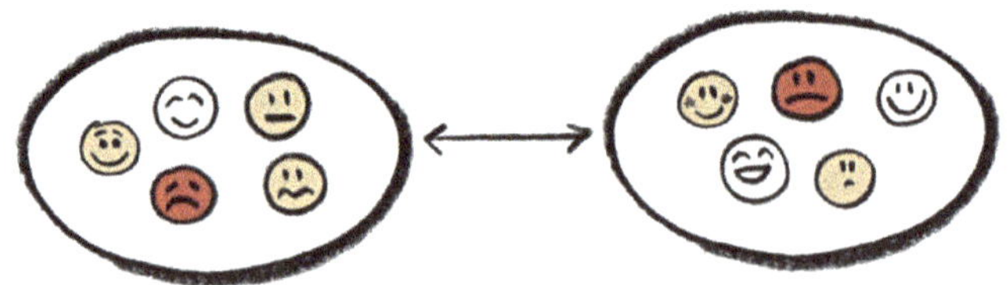

{ La coordinación centralizada es un lujo que las organizaciones en mercados complejos no pueden permitirse. }

La diferencia entre un «departamento» y una «célula»

Principio de diseño Alfa:

Un departamento implica una diferenciación funcional y, por lo tanto, la agrupación de especialistas funcionales (mercadólogos con mercadólogos, vendedores con vendedores, etc.) que deben coordinarse vertical y horizontalmente. Los procesos de negocio atraviesan varios departamentos. Resultado: grupos de personas que trabajan en paralelo, no como equipos.

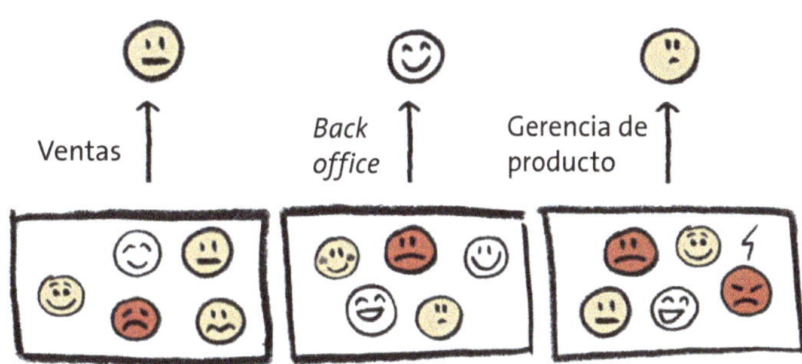

Principio de diseño Beta:

Una célula implica una integración funcional, o equipos transversales, por lo que las mismas funciones pueden encontrarse en diferentes equipos. La coordinación se produce lateralmente, entre pares. La comunicación entre equipos es de igual a igual. Los procesos del negocio fluyen principalmente dentro de los equipos. Resultado: equipos reales de personas que trabajan para y con los demás.

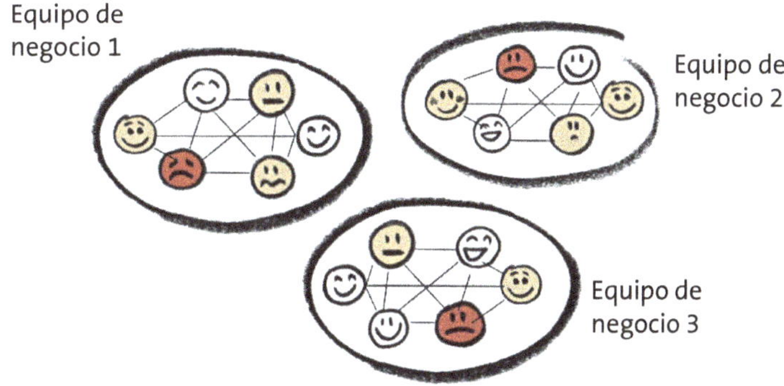

{ Los mercados complejos requieren descentralización, combinada con una coordinación similar a la del mercado. }

Parte

4

Las organizaciones como sistemas: Diseñando para la complejidad

(Cómo cualquier organización puede volverse «apta para las dinámicas»)

El problema del modelo mental dominante: Imaginar a las organizaciones como pirámides es una metáfora equivocada

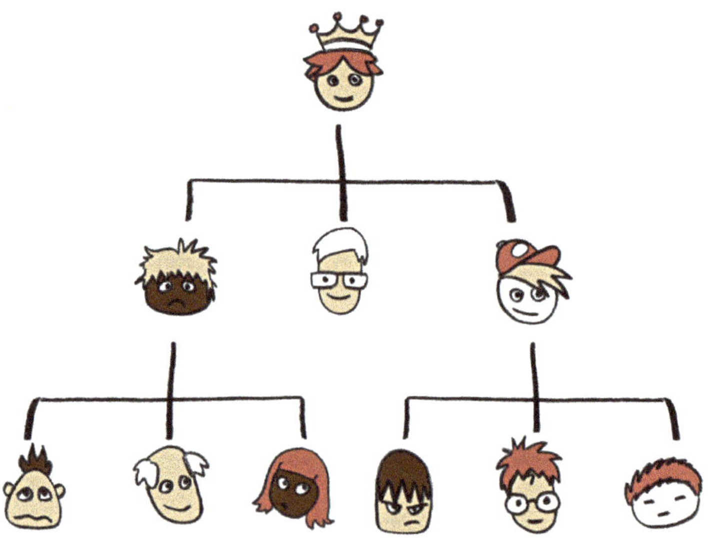

Principio de diseño Alfa:

La organización como una jerarquía burocrática, dirigida por directivos que siempre tienen el control. Los gerentes que mandan/controlan una pirámide de «seguidores» desde arriba no es una forma inteligente de organizarse. **El problema es con las cajas y el cableado.** La mayoría de nosotros lo percibimos intuitivamente: nuestra experiencia en la práctica contradice la afirmación de que este tipo de «liderazgo» puede funcionar realmente.

Sin embargo, esta sigue siendo la mentalidad dominante en las empresas, desde el desarrollo de la teoría de la gestión hace aproximadamente un siglo. Cuando hablamos de «gestión», solemos referirnos a las técnicas, herramientas y modelos destinados a mejorar, optimizar o arreglar las organizaciones como pirámides de mando y control.

Una metáfora mejor:
Las organizaciones como redes de varios planos

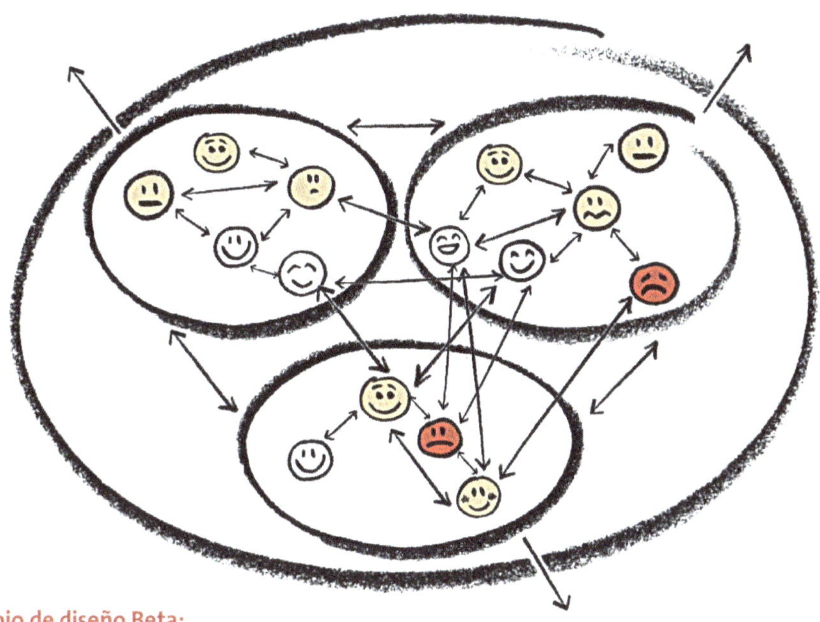

La organización como una red interconectada y viva, dirigida por las fuerzas del mercado.
Nadie tiene el control. Todo el mundo está al mando.

Una manera más útil e inteligente es ver a las organizaciones como redes.
Esto está más alineado con el pensamiento contemporáneo que el dogma mecanicista de la
«pirámide», e incluso es mucho más cercana a la realidad, en diferentes maneras. Las organizaciones, de hecho, son:

- Redes de individuos (a través de la estructura informal).
- Redes de equipos de creación de valor (a través de la estructura de creación de valor).

Veamos con más detalle estos conceptos.

{ Tu organización ya está conectada en redes. Solo que no le es permitido oficialmente
operar de esa manera. }

El trabajo está en redes: Estructura informal basada en relaciones sociales

Las estructuras informales emergen de la interacción humana. Esto ocurre en todo grupo social. En las crisis, sobre todo, las redes extraoficiales se hacen cargo. El atajo informal muestra entonces su superioridad, en comparación con los procesos oficiales, previamente descritos, que son realmente basura.

Las estructuras informales no son buenas ni malas. Simplemente son. La mayoría de los fenómenos sociales surgen de la estructura informal: chismes. Creación de redes. La socialización. La política. Pensamiento de grupo. Conspiraciones. Facciones, coaliciones y clanes. Resistencia al cambio. La presión de los pares. Solidaridad. Intimidación. Lo que sea.

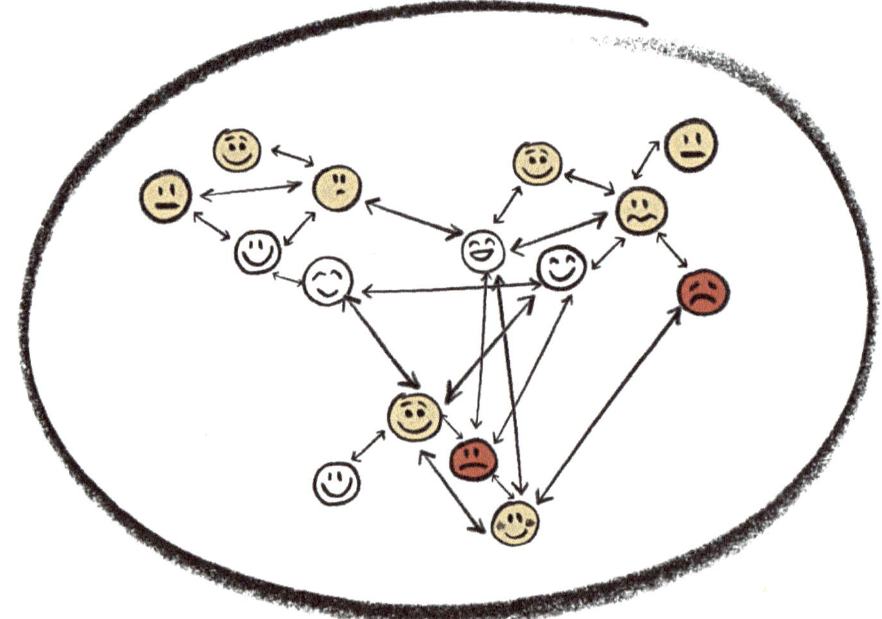

{ Las estructuras informales son poderosas. Y toda organización cuenta con ellas. }

La clave de la supervivencia también en red: Estructura de creación de valor basada en la interacción del equipo

La creación de valor nunca es el resultado de la acción individual, sino de la interacción: es un proceso basado en el equipo trabajando «con-el-otro-para-el-otro». **Cualquier organización, incluso la más ineficaz y burocrática, tiene una estructura de creación de valor.** Sin embargo, puede estar oculta o ser poco conocida. E incluso puede faltar el lenguaje para describirla.

{ En una organización gestionada jerárquicamente, la estructura de creación de valor está inmovilizada. Como un músculo aturdido por una inyección de anestesia. }

El trabajo es en red por partida doble: Reuniendo estructuras informales y de creación de valor

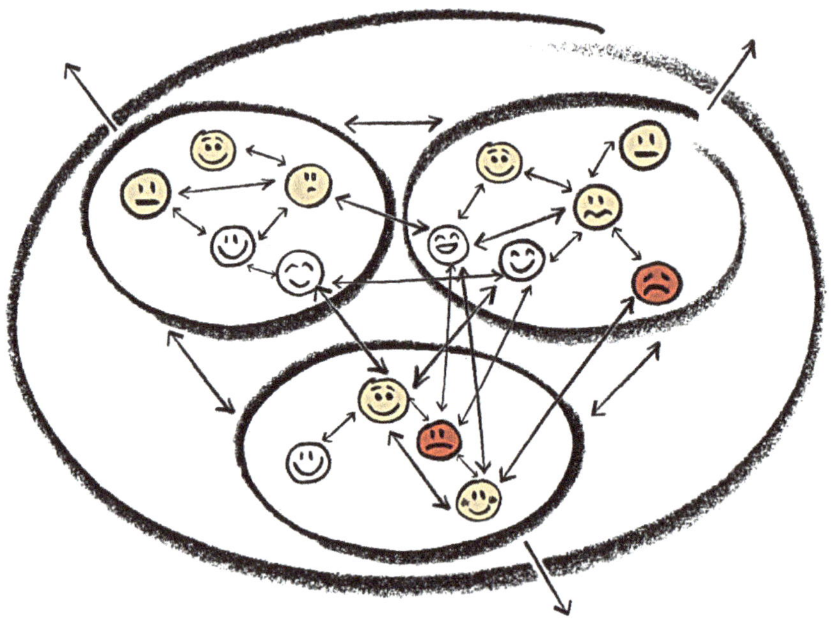

Cuando uno entiende las organizaciones como redes de creación de valor, sustentadas por estructuras informales, y no como pirámides de mando y control, dejará de preocuparse mucho por la jerarquía formal (que en realidad es «trivial», desde el punto de vista del pensamiento de la complejidad, y solo puede proporcionar el cumplimiento externo).

En su lugar, uno se preocupará mucho por los flujos de creación de valor, por apoyar la presión de los pares y los patrones de redes emergentes. En este caso, la robustez de la organización proviene de la calidad y la cantidad de las interconexiones entre las personas y los equipos, no de las reglas, los jefes o las normas.

{ Las estructuras informales y de creación de valor constituyen «las bambalinas» de cualquier organización. }

Sin embargo, para entender la creación de valor es útil distinguir entre centro y periferia

A través de la distinción entre centro y periferia, se hacen observables problemas dinámicos que permanecerían invisibles (y por tanto irresolubles), utilizando distinciones comunes como entre estructura funcional y divisional, organización de líneas y procesos, estratégica y operativa.

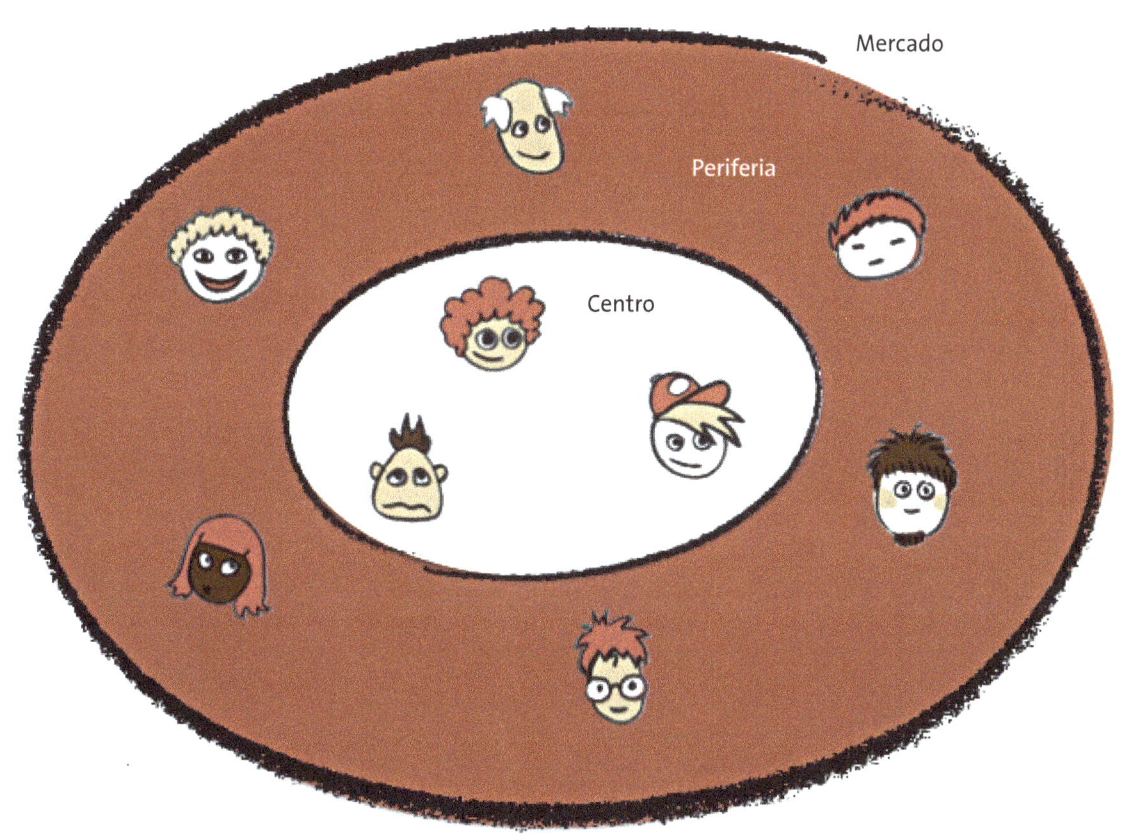

La periferia:
La parte exterior de la organización

Llamamos periferia a todas las funciones que se ocupan de los requerimientos del mercado externo de una manera en que se crea valor.

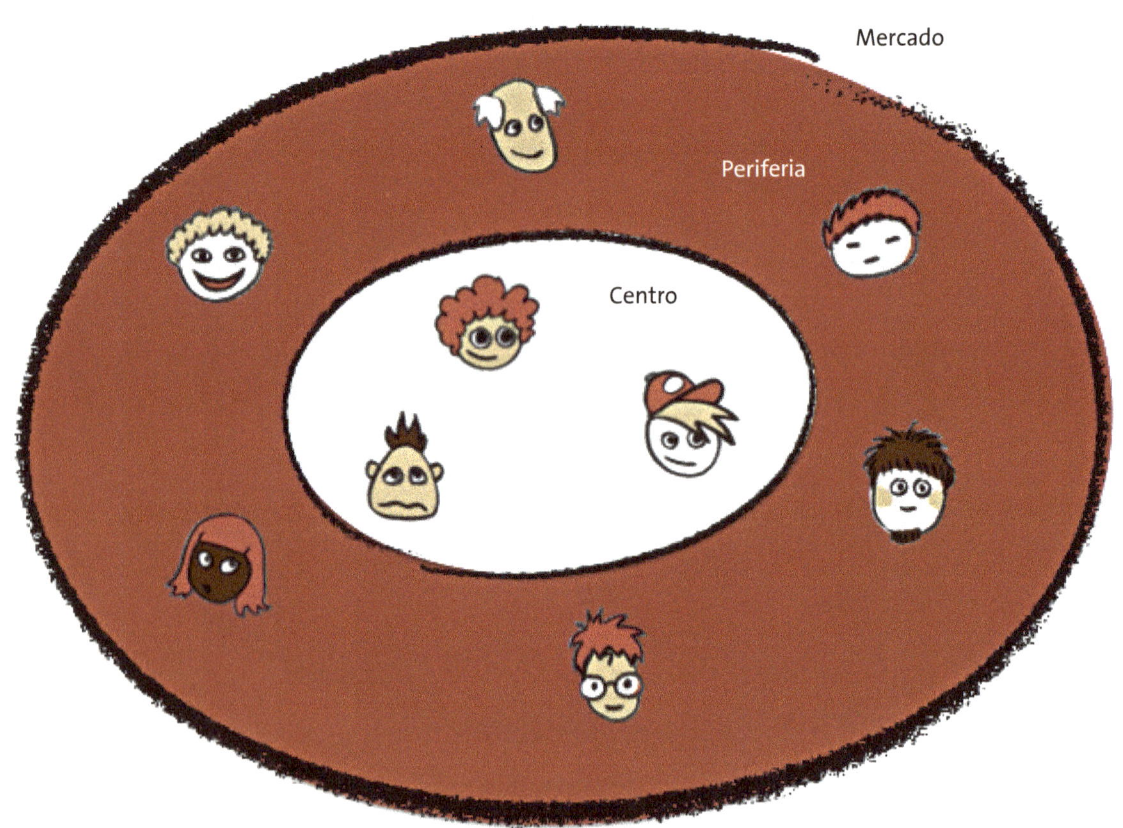

El centro:
Privado de contacto directo con el mercado

La periferia aísla al centro del mercado. Pero cuidado: el directorio y una sede corporativa no son lo mismo que el centro. Los trabajadores de las fábricas, los empleados de las sucursales o las oficinas no deben equipararse a la periferia. Esta distinción se refiere a las funciones o actividades, no a las personas, los lugares o las ubicaciones individuales.

La innovación la realiza siempre el centro. Porque la innovación no es (todavía) una creación de valor inmediata para el cliente. Por lo tanto, quienes se ocupan de la innovación en una organización siempre desempeñan un papel de centro. Se ponen un sombrero central, por así decirlo.

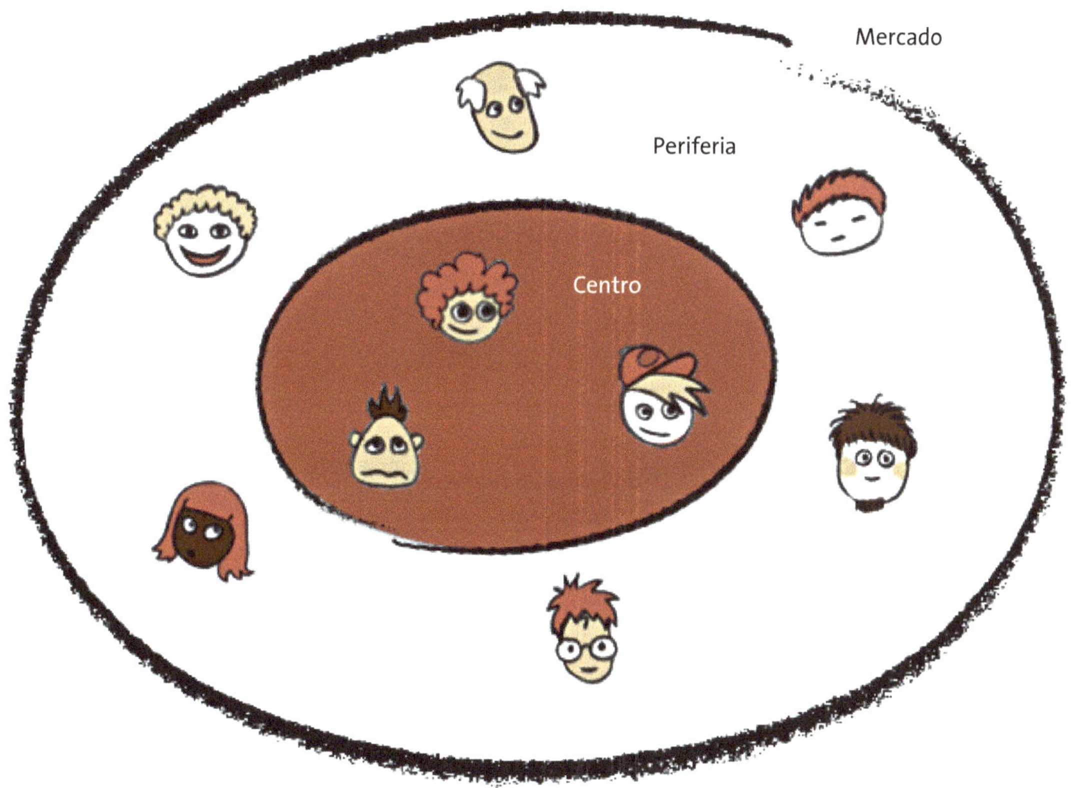

Toma de decisiones y dirección centralizadas (mando y control) desde una perspectiva sistémica

Principio de diseño Alfa: Toma de decisiones centralizada, dirección interna, mando y control

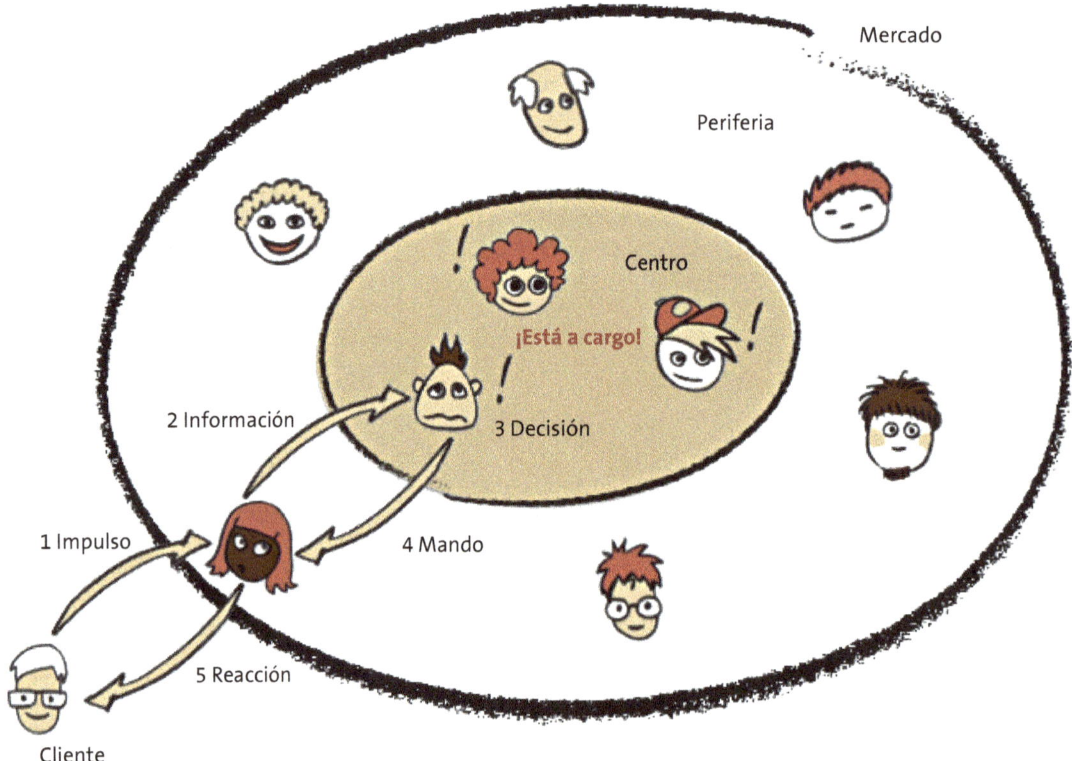

En los mercados aburridos y lentos, la centralización de la toma de decisiones es eficiente. El centro resuelve los problemas y da órdenes; la periferia las ejecuta. Se puede obtener un control centralizado. Las normas funcionan. Sin embargo, en los mercados rápidos, el centro pierde su superioridad de conocimientos: la dirección central y cualquier sistema que dependa de decisiones centrales se derrumba. Tales sistemas se vuelven atontados y adormecidos.

Resolviendo el dilema de la complejidad mediante la descentralización

 toma de decisiones descentralizada, percibir y responder.

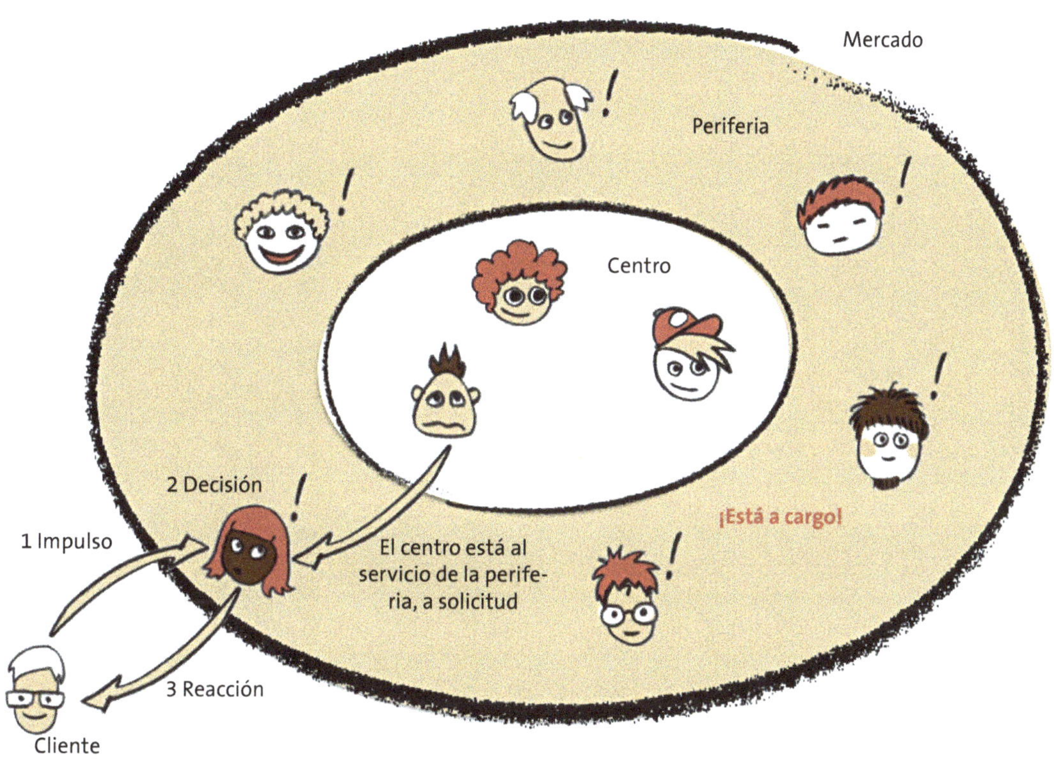

En los mercados dinámicos la salida al dilema del control es la consiguiente descentralización, o la devolución de la toma de decisiones, que resulta mucho más efectiva: de este modo, las decisiones se toman donde se produce la interacción con el mercado y el aprendizaje de este. Los roles del centro y de la periferia cambian drásticamente, en comparación con Alfa.

Algunas palabras sobre la cultura: Por qué la cultura es como una sombra

La cultura no es un factor de éxito, sino un efecto del éxito o el fracaso. Es una imagen de las circunstancias en una organización, no su causa. Por ello no puede ser influenciada directamente. La cultura es como una sombra.

Es observable pero no controlable. El desarrollo cultural no es ni difícil ni problemático: ocurre todo el tiempo. Por sí mismo. Pero los proyectos en torno a él solo pueden fracasar. Y exigir una determinada cultura –una más innovadora, por ejemplo– puede ser, de hecho, común, pero siempre será ridículo y seguirá siendo un llamamiento vacío: una empresa no puede elegir su cultura, tiene exactamente la que se merece.

La cultura es algo así como la memoria inquieta de una organización. Facilita o impide los comportamientos desviados. No estandariza, ¡nadie tiene que obedecerla! Pero dota de algo parecido a un «estilo» común en el que todos pueden confiar. La cultura actúa, pues, como un mecanismo de simplificación y es de naturaleza conservadora.

Por otro lado, la cultura organizacional también procesa las contradicciones que surgen de la dinámica externa y del cambio. Como una memoria, asimila todo lo que sucede. Lo que olvida y lo que no, tampoco es controlable.

La cultura, en este sentido, es autónoma.

{ La cultura no es un obstáculo para el cambio ni lo fomenta. Puede dar pistas sobre lo que una organización debe aprender. }

Cambiar la cultura es imposible, pero la observación de la cultura es valiosa

Las grandes empresas suelen intentar trabajar en su cultura y sus valores. En todo caso, estas actividades solo pueden influir en los comportamientos. Sin embargo, la mayoría de las pautas de comportamiento colectivo –otro tipo de mecanismo de la memoria organizacional– no siguen consideraciones racionales, por lo que no se ven afectadas por los intentos de controlarlas. O incluso pueden verse afectadas negativamente, porque ese activismo suele fomentar la hipocresía.

La observación de la cultura es una herramienta esencial para el cambio y el desarrollo organizacional. La cultura es un sensor inmejorable de la eficacia de los esfuerzos de cambio. Las encuestas a los empleados, en cambio, son inútiles para la observación cultural (y en general), porque solo pueden captar la opinión individual. El comportamiento y otros fenómenos invisibles, como los valores y las estructuras informales, o las bambalinas de una organización, permanecen ocultos para este tipo de métodos.

Las partes visibles de la cultura, sus síntomas, solo son observables en la práctica: en el comportamiento y la comunicación. En las licencias por enfermedad, en el diseño de las oficinas y los lugares de trabajo, en el número de correos electrónicos y copias seguras, en los índices de error y las quejas de los clientes, en el diseño y el uso de los medios y las herramientas de comunicación, los indicadores y los informes. Las entrevistas y, en particular, las «entrevistas encadenadas de aprendizaje» son otra herramienta probada de observación cultural que puede aplicar un agente de cambio externo.

{ La cultura nos permite observar indirectamente la calidad de los esfuerzos de cambio: el cambio se filtra en la cultura. }

¿Delegar o descentralizar?

La descentralización va más allá de la delegación. Mientras que la delegación se produce a nivel individual cuando un superior decide pasar un poder, una responsabilidad o una tarea a un subordinado, la descentralización se produce cuando un directorio (o su equivalente) decide, como política, transferir el poder a las partes periféricas de una organización.

En última instancia, la descentralización va acompañada de cambios estructurales que confieren un mayor grado de autonomía (en griego: autogobierno), principalmente a través de la integración funcional dentro de los equipos.

La descentralización usualmente involucrará actividades descentralizadas, con el fin de dotar a los equipos de mayor autonomía. Pero esto no significa que todas las actividades deban ser descentralizadas. Podrían serlo o no, lo importante es cómo se conectan los equipos que interactúan.

La descentralización es más permanente que la delegación.
Se trata de un principio; debe estar conectado a la estructura y a la creación de valor.

Parte

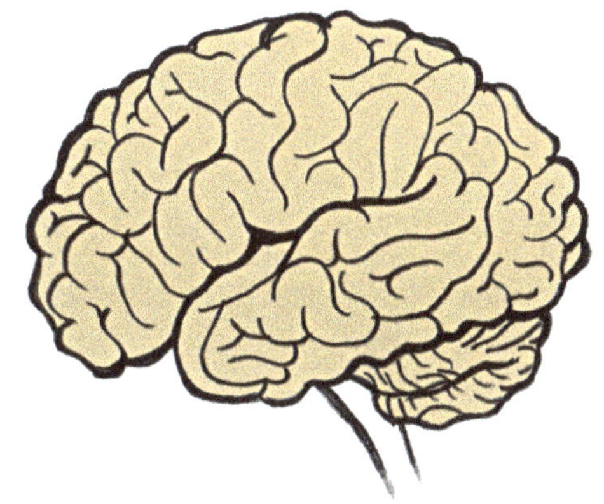

5

Redes dinámicas y robustas para todos: Así es como se consiguen

(Cómo anclar la mentalidad «Beta» dentro de la estructura organizacional)

Diseñar la organización como una red descentralizada, no como una pirámide de mando y control

Para convertir su organización en una estructura celular descentralizada, o para construir una nueva organización como una red de este tipo, uno debe entender los elementos, o componentes, de tal diseño.

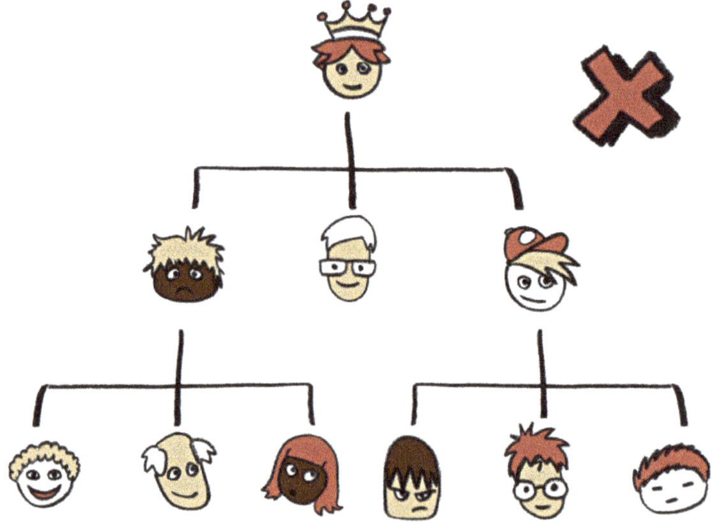

Cuatro elementos de construcción son requeridos:

- Fronteras organizacionales, o esferas de actividad, que definan los límites de acción.
- Células de la red, distinguiendo entre células centrales y periféricas.
- Conexiones entre estas células de la red.
- Contacto con el mercado, o dirección, a través de conexiones con el mercado externo.

{ No hay estructuras de línea. No hay funciones. No hay departamentos. No hay servicios compartidos. No hay divisiones. No hay personal centralizado. Esta es una forma diferente y mucho más eficaz de definir la estructura en la complejidad. }

Identidad y esfera de actividad: La diferencia entre el interior y el exterior

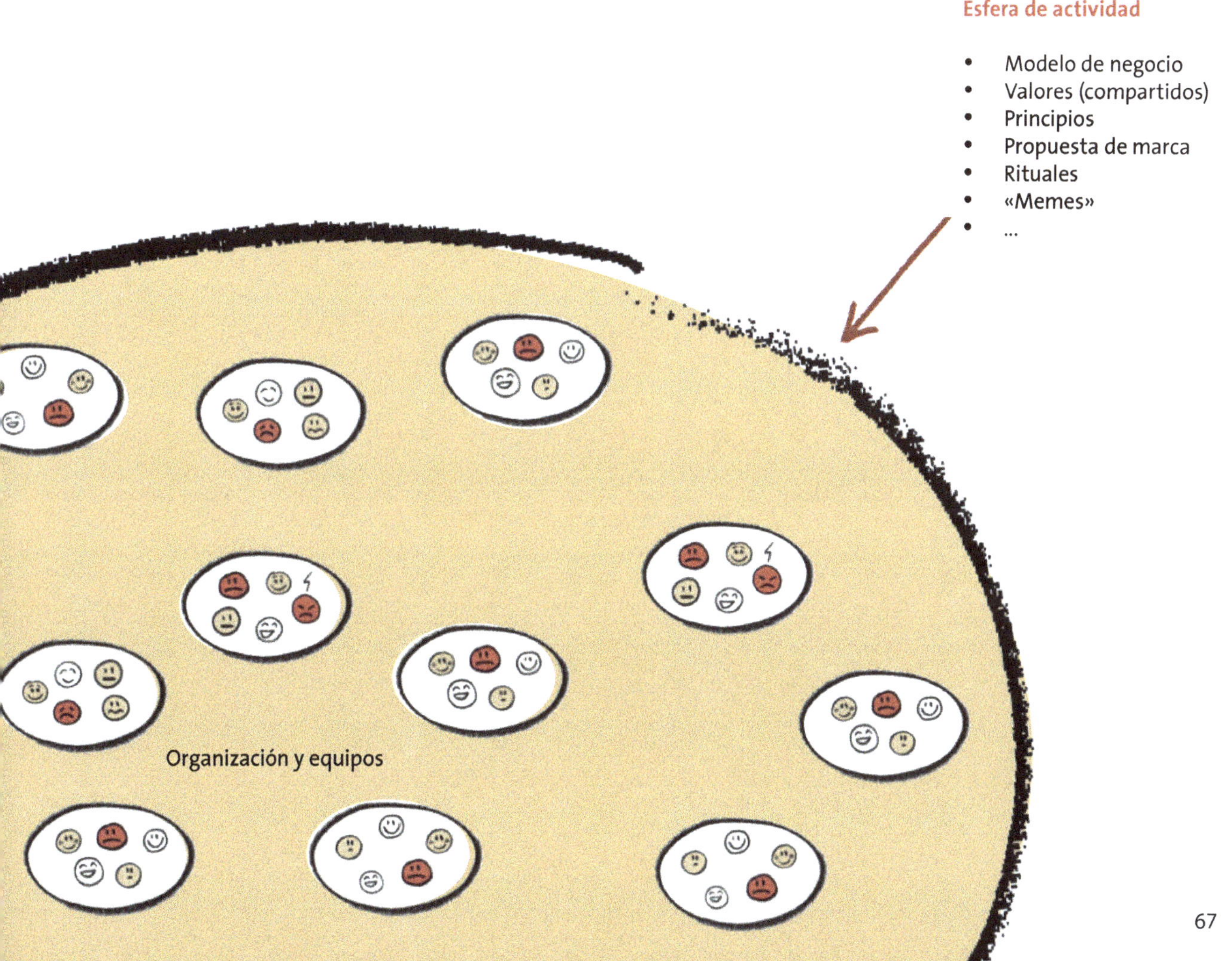

La esfera de actividad

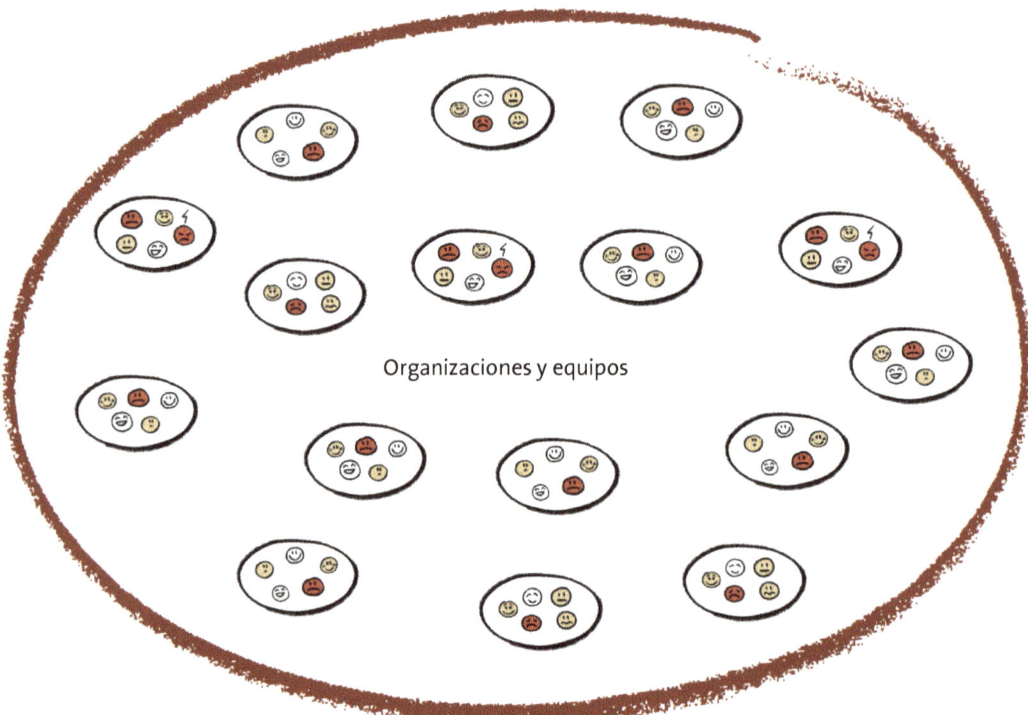

La autoorganización requiere que el sistema esté rodeado por un límite de contención. **Esta condición define el «ser» que se desarrollará durante el proceso de autoorganización.** El límite de contención sirve para dirigir la autoorganización hacia la creación de valor.

Los elementos de esta esfera deben ponerse por escrito, por ejemplo en una «Carta a nosotros mismos», un «Manifiesto» o un «Libro de la cultura».

El mercado y sus componentes

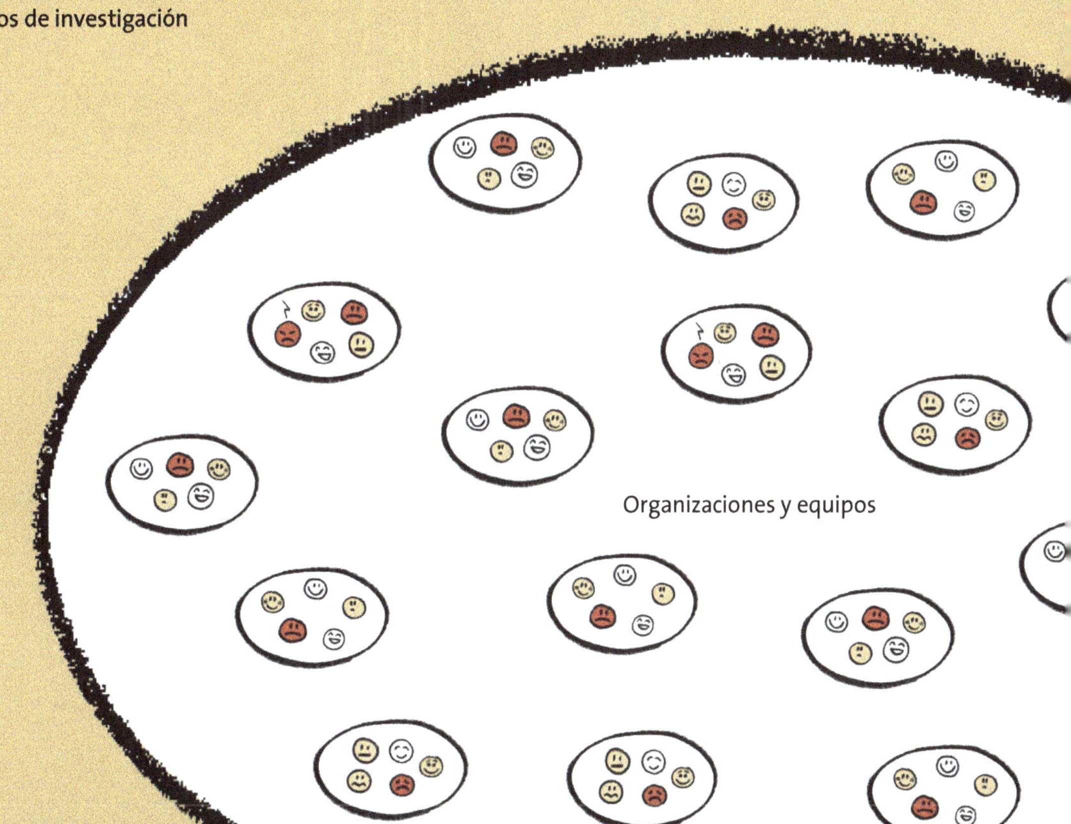

La creación de valor fluye de adentro hacia afuera. El «market pull» provee la dirección

Una red de estructura celular adquiere estabilidad y resistencia no a través de relaciones de poder jerárquicas, ni por la «resistencia a la presión», sino por el «tirón» que le da el mercado externo (*market pull*), y por las complejas relaciones humanas que alimenta internamente.

La dinámica del mercado se encarga de la dirección.

¿Suena sencillo? Lo es.

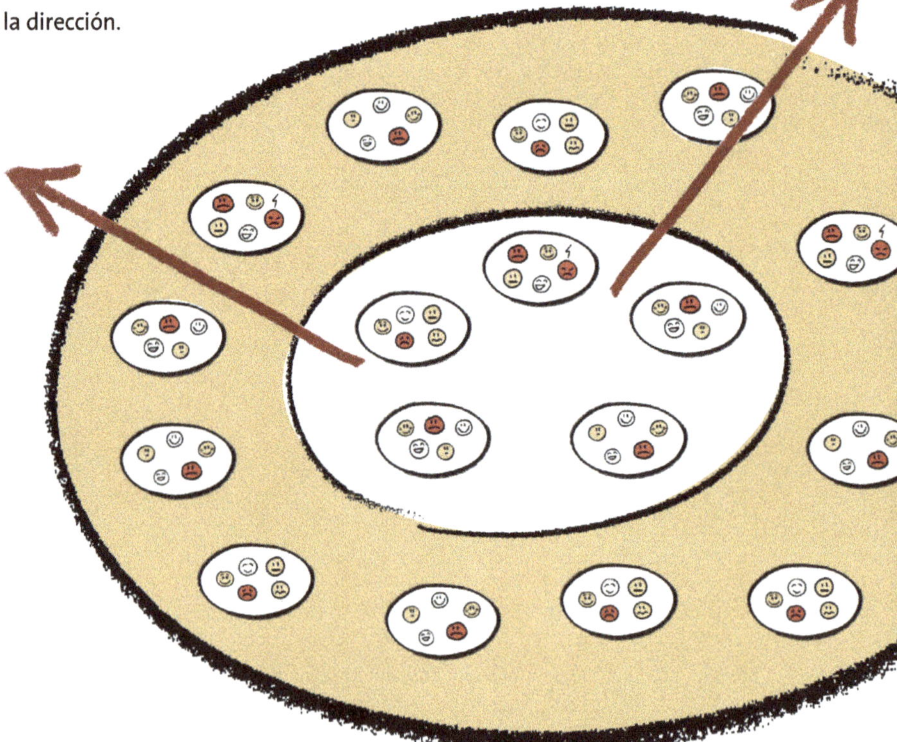

De «equipos de creación de valor» a «redes de creación de valor»

Llamamos cuerdas a los enlaces entre células individuales de la red.

Llamamos «market pull» a los vínculos entre las células periféricas y el mercado, es decir, donde el sistema se interrelaciona con el mercado.

A través del *market pull* y de las cuerdas, la tensión se aplica dentro de la organización y entre las células.

Solo las células periféricas tienen vínculos directos con el mercado y pueden así aportar valor al exterior.

El fenómeno del «market pull»

Market pull es lo que conecta al mercado con la organización. Siempre que una parte interesada externa de una organización «quiere» o «exige», «pide» o «hace» algo relevante para la organización, esto iniciará el tirón del mercado.

El *market pull* puede deberse a que los clientes quieran algo, a que los accionistas exijan una compensación por su inversión, un banco exija la devolución de un préstamo, el Estado el pago de impuestos o el lanzamiento de un nuevo producto por parte de un competidor. **Como vemos, el *market pull* tiene diversas fuentes.**

Redactar su organización como una red de flujos de valor. Paso 1: Empezar desde afuera hacia adentro

Empezar desde el mercado hacia adentro y, por tanto, pensando primero en las células periféricas.

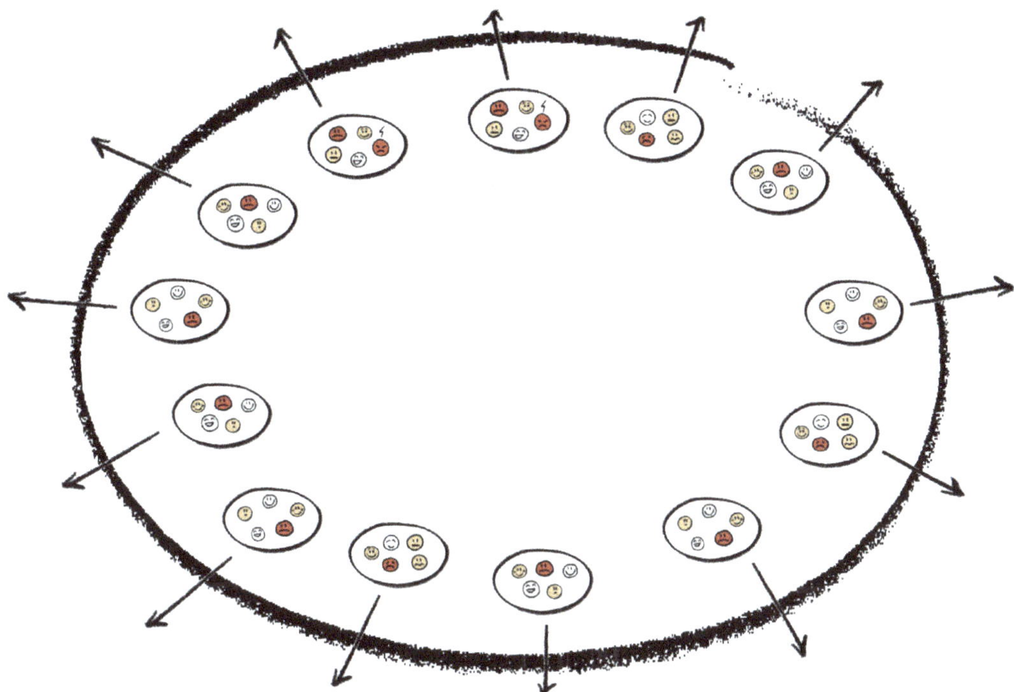

Las células periféricas deberían:

- Ser lo más autónomas posible en la toma de decisiones, funcionando como «miniempresas» responsables de negocios individuales, de forma holística.

- Contener no menos de tres miembros de equipo cada una, con capacidades y roles interfuncionales.

- Medir sus propios resultados.

Paso 2: Diseñar las células centrales como unidades de suministro interno, sin poder de decisión sobre la periferia

La función de las células centrales es aportar a los equipos periféricos el valor que no pueden crear por sí mismas. Su papel es servir, no gobernar, a la periferia.

No tiene que ver con ejecutar el poder de decisión, ni dirigir o controlar.

Lo ideal es que estos equipos vendan sus servicios a las células periféricas a a través de transacciones con precio, y en un mercado interno. Para ello, es necesario definir los servicios internos y los precios, pero hay que evitar fijar las cantidades de compra. Existen ejemplos de cómo hacerlo de forma coherente en empresas como Handelsbanken, dm-drogerie markt y Morning Star.

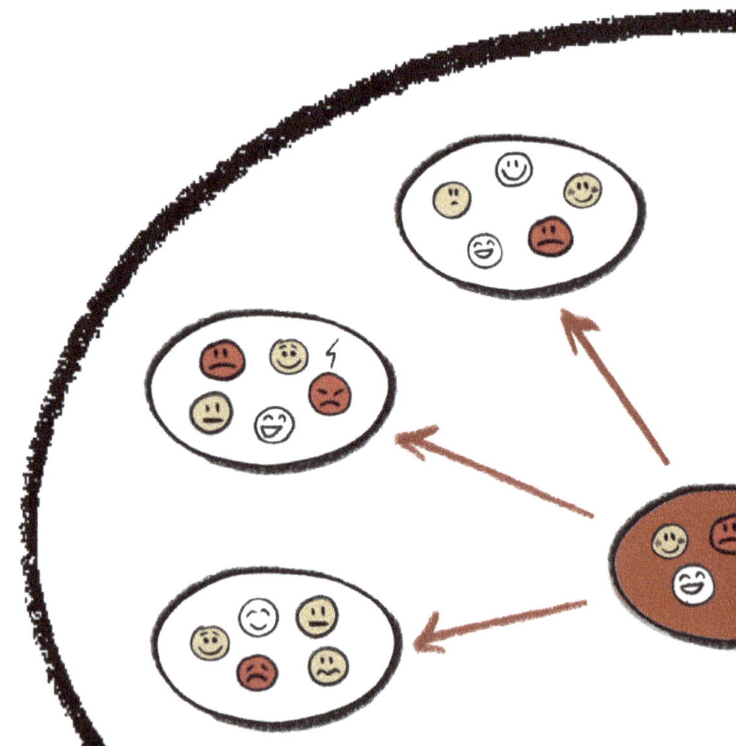

Las funciones de las células centrales de la red

- Personal/Recursos humanos
- Finanzas
- Sistemas (TI)
- Legal
- Otros centros especializados

Por supuesto, no es necesario
que haya una célula por categoría.

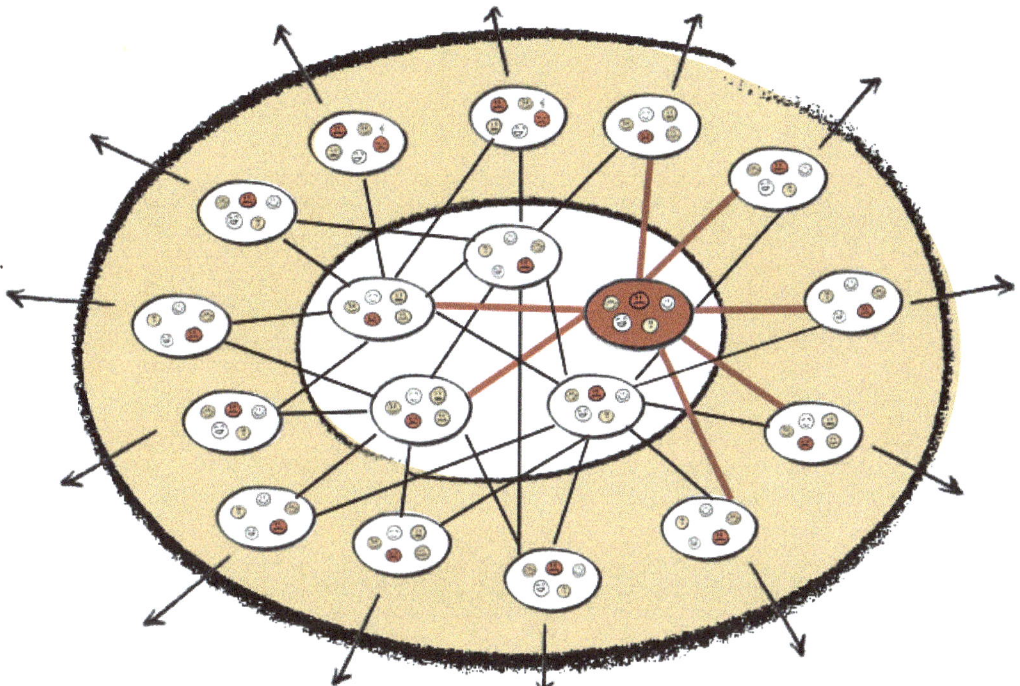

En las organizaciones más pequeñas, la combinación de servicios internos en una o
dos «tiendas» o «supermercados» centrales puede ser suficiente.

Un modelo con dos «tiendas» puede parecerse a esto:

- *Org Shop:* un equipo que presta servicios de organización para toda la red, como
  RR. HH., legal, administrativo.
- *Info Shop:* un equipo que presta servicios relacionados con los sistemas
  de información y el suministro, como las finanzas y la informática.

Paso 3: Iterar.
Involucrar a muchas personas en el proceso de diseño de la estructura de red completa

Las personas que participan en el proceso de decidir cuáles deben ser los cambios se transforman por el proceso. Los que no participan no se transforman y puede que nunca lo hagan.

Por lo general, habrá que pasar por unas cuantas iteraciones para llegar a un diseño de estructura de valor que no solo sea mejor que la estructura formal anterior, sino también lo más descentralizada posible, escalable y viable a largo plazo. La mayoría de las veces, una organización hará ajustes después de un aprendizaje inicial con el nuevo diseño. Esto puede llevar a frecuentes mejoras en la estructura.

{ En general, cuantos más miembros de la organización participen en el proceso de búsqueda del diseño, mejor será el resultado. }

Cultivar principios, no reglas

IF......THEN........
IF......THEN........
IF......THEN........
IF......THEN........
IF......THEN........
IF......THEN........
IF......THEN........
IF......THEN........
IF......THEN........
IF......THEN........
IF......THEN........
IF......THEN........
IF......THEN........
IF......THEN........
IF......THEN........
IF......THEN........
IF......THEN........
IF......THEN........

«Si... entonces...».

«No haga daño».

Los individuos y sus «portafolios de roles»: Una característica básica de las estructuras de red descentralizadas

En una estructura de red descentralizada, las «posiciones» dejan de existir. Los «roles» mandan. Los individuos no suelen limitarse a un solo papel o a una sola célula de la red, sino podrán actuar en diferentes células, desempeñando diferentes funciones en diferentes partes de la red de creación de valor. Por lo tanto, todo el mundo sigue «haciendo malabares con las funciones», todo el tiempo.

Un ejemplo: alguien con el título oficial de director financiero en la tarjeta de visita desempeñaría un papel en una célula central cuando presta servicio a otros equipos de la red, pero formaría parte de una célula periférica cuando trata con un banco.

La misma persona también podría desempeñar otras funciones dentro de la organización que tendrán poco o nada que ver con las finanzas.

{ En una estructura celular, los roles pueden cambiar con frecuencia y el estatus formal se vuelve menos importante. Los miembros de una organización no se verán presionados en descripciones de puestos de trabajo, sino que construyen sus propias carteras de roles. }

Funciones, no posiciones: Múltiples contextos, una vida laboral más colorida. Aprendizaje: habilitado

Parte

6

Liderazgo en la complejidad: Lo que queda de él y lo que se necesita

(Recomendaciones prácticas para un trabajo de liderazgo dinámico y robusto)

El liderazgo como la dirección de los empleados: ¡Si fuera tan fácil!

En su libro *Change or Die* (Cambiar o morir), el escritor de negocios Alan Deutschman se basa en los conocimientos de la investigación científica en diversas esferas de la vida para ilustrar lo que se necesita para impulsar a la gente hacia el cambio personal, y lo que no funciona. Deutschman distingue entre las «Tres F» y las «Tres R».

Las «Tres F» – practicadas, conocidas (e inapropiadas):

Facts (hechos): «Los hechos hablan lógicamente por sí mismos».

Fear (miedo): «El miedo a las consecuencias proporciona el impulso emocional».

Force (fuerza): «La presión a través del poder formal, el control o los incentivos garantizan el éxito».

La aplicación de las «Tres F» conduce con seguridad a unas cuantas consecuencias directas: angustia, desánimo y frustración. Este enfoque mecanicista del cambio conduce, en última instancia, a controlar y condicionar el comportamiento; a reprimir a los empleados, pero no a aprender.

Las «Tres F» son típicas del liderazgo jerárquico, basado en relaciones formales de poder, o de mando y control. También son típicas de las formas convencionales de gestión del cambio o de la capacitación profesional.

Las «Tres F» siguen una lógica mecanicista de «si… entonces»: son sintomáticas del intento de abordar un problema complejo –el aprendizaje y el cambio– con medios complicados. La noción del «líder héroe como modelo de conducta» se basa en el mismo error.

{ Si las «Tres F» funcionaran, entonces los cursos y entrenamientos serían la solución. }

El liderazgo como proceso social: Complejo, pero al menos real

Existe otro enfoque más eficaz para el cambio y el desarrollo personal.

Cómo crear condiciones apropiadas para el aprendizaje con las «Tres R»:

Relacionar: Establecer una relación. La gente quiere vincularse, conectarse con una persona o un grupo, alguien que encarne el cambio positivamente, o que crea en él.

Repetir: Asegurar la repetición. Sin esto, el aprendizaje no es posible. Los nuevos comportamientos y habilidades deben entrenarse seriamente, practicados con disciplina y profundizados. En la vida real.

Reencuadrar: Garantizar la reinterpretación de los retos actuales, para que surjan y se impongan nuevas formas de pensar. Entonces, es posible una nueva acción interiorizada y congruente.

El liderazgo en el sentido de las «Tres R» opera influyendo en las personas y sus contextos, de forma sistémica, teniendo en cuenta tanto la individualidad humana como la estructura de creación de valor. Solo si se respeta este proceso se pueden liderar resultados reales.

El liderazgo que tiene en cuenta la complejidad tiene menos que ver con la personalidad del líder individual y más con el liderazgo como proceso social. Las «Tres R» no quitan responsabilidad a los «trabajadores del liderazgo». Pero hacen que el trabajo de liderazgo sea mucho más desafiante, ya que responden al hecho de que el aprendizaje y el desarrollo no son triviales, sino más bien complejos por naturaleza.

> No se puede, al mismo tiempo, liderar y ejercer el poder jerárquico.
> En la complejidad, el liderazgo como proceso social, como capacidad del sistema, gana protagonismo.

Enfocar el trabajo de liderazgo en el sistema. No en las personas individuales

La autoorganización en los sistemas complejos es natural. Tener un «líder» no lo es. La contención de los límites y los mercados externos proporcionan la dirección.

El liderazgo debe ser un trabajo enfocado a mejorar el sistema, en hacer palpable el mercado dentro de la organización. Esto se hace mediante la transparencia y el diálogo, permitiendo funcionar la autoorganización y la presión social.

{ Entendido correctamente, el liderazgo en la complejidad significa trabajar con el sistema, no con las personas. }

Promover una cultura de logros basados en el resultado

Hacer visible el rendimiento del equipo, ¡solo los resultados, no las acciones individuales!, para alimentar una «cultura ganadora» basada en el equipo

Pero nunca, jamás, intente gestionar el rendimiento individual, porque simplemente no existe. Deje de gestionar el tiempo de trabajo o de controlar el comportamiento individual: se demostró que el «conductismo» es contraproducente, ya que ahoga la autoorganización.

En su lugar, lo que funciona: las organizaciones más adaptables y exitosas se enfocan en alimentar una cultura que destaque la importancia de «que todos se diviertan, mientras ganamos en el mercado, juntos».

No se puede tener eso y, al mismo tiempo, controlar el comportamiento de las personas.

Redefiniendo el éxito para una era de complejidad: Por qué y cómo hacer las paces entre los grupos de interés de la organización

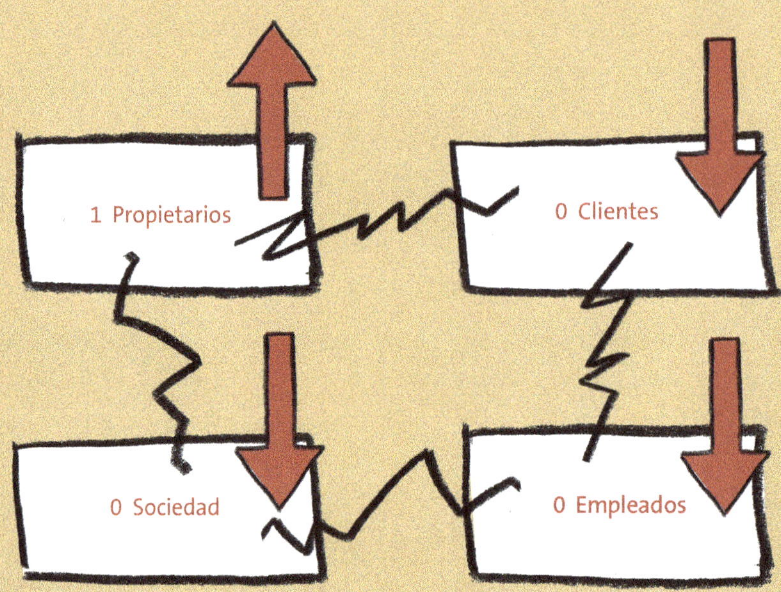

Creencia Alfa:

«Las distintas partes interesadas de una organización están condenadas a estar en eterno conflicto entre sí. Por lo tanto, en cualquier situación, debemos dar prioridad a un grupo de interés concreto sobre los demás. En caso de duda, son los propietarios o los accionistas. A veces, daremos prioridad a los clientes. O al menos eso decimos. **El éxito ocurre cuando se crea el máximo beneficio a corto plazo o valor para el accionista».**

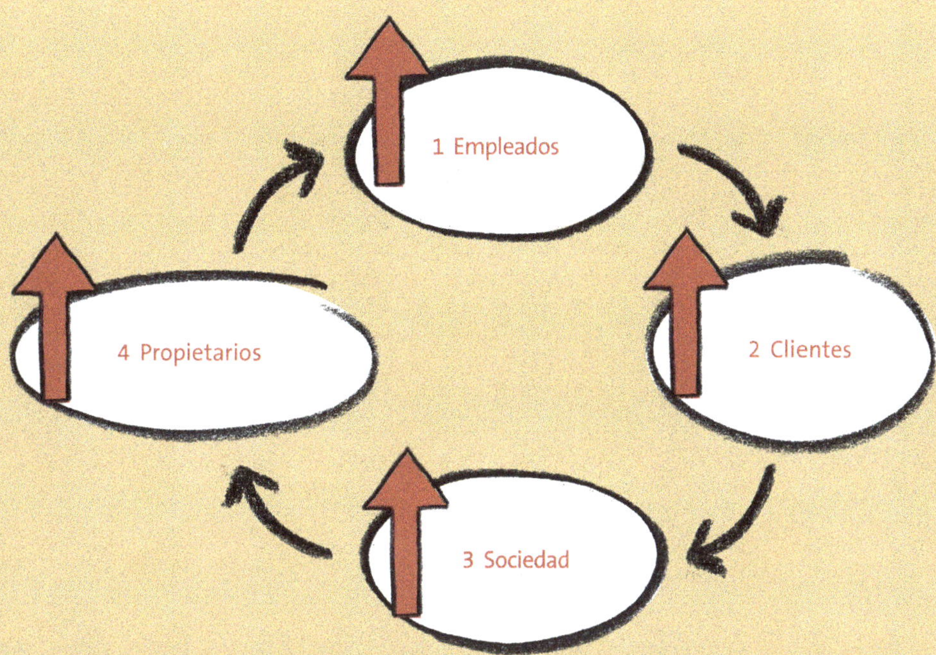

Creencia Beta:

«Los intereses de los grupos están entrelazados y son interdependientes. El éxito llega cuando se produce un ciclo virtuoso entre la creación de valor para los empleados, los clientes, la sociedad y los propietarios. Este ciclo solo puede comenzar con los miembros de la organización: la creación de valor empieza con ellos. Deben ser lo primero. El ciclo no debe romperse a expensas de uno u otro grupo. **El éxito se produce cuando se crea un valor superior y sostenible para todas las partes interesadas».**

{ Las teorías de la maximización del beneficio y del valor para el accionista son mecanicistas y, en última instancia, dogmas antisociales. El éxito no es un juego de suma cero. Y tampoco es solo ganar-ganar. }

El liderazgo es:
Influir en la estructura informal

Las estructuras informales pueden desarrollar una fuerza positiva que proteja a las organizaciones contra el fracaso y el desorden. Un fenómeno como la solidaridad, por ejemplo, solo puede surgir de una estructura informal.

El primer paso para un liderazgo eficaz que influya en la estructura informal es reconocerlo, aceptar su existencia y crear un espacio para él. ¡No lo descartes como una charla de cocina! Muchos de los líderes actuales no se ven a sí mismos como parte de la estructura informal. O la consideran ilegítima. Esto es un error.

Aunque la estructura informal no puede moldearse a propósito, y la mayor parte de ella elude la observación directa, sí puede «estimularse constructivamente». Quien forma parte de un sistema, o a quien se le **permite entrar**, influirá significativamente en la estructura social, al igual que los rituales cultivados conscientemente. Poner la información disponible para todos, rápida y uniformemente, promover máxima transparencia, es un factor a menudo subestimado. También la creación de grandes entornos y lugares de trabajo para todos, algo que Google ha demostrado que es posible.

Fomentar los foros informales de conocimiento, las «logias de maestros», las ligas, los gremios y las comunidades de práctica (en lugar de celebrar las habituales conferencias y eventos) es otra palanca. Mucho más eficaz que el desarrollo del personal es ser curadores de los procesos de aprendizaje en los que se incrementa la autoconsciencia, la consciencia de los demás, la comunicación y la eficacia del equipo.

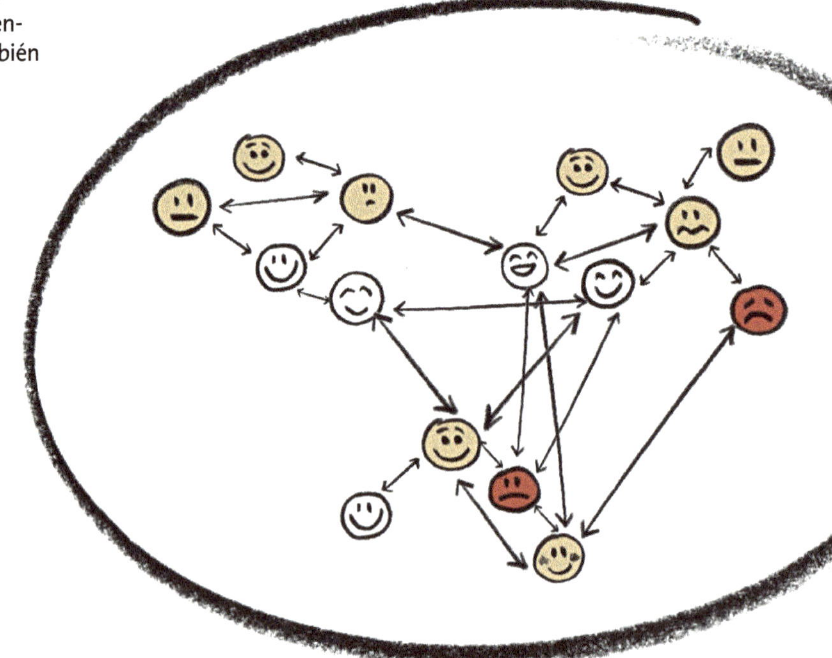

El liderazgo es:
Influir en la estructura de creación de valor

El liderazgo no establece objetivos ni construye barreras de contención. Eso es la gestión, o el liderazgo como cargo. El liderazgo es una dinámica que ocurre en el espacio entre las personas, no un puesto. No hay liderazgo sin la creación de un espacio, una esfera de actividad, en el que se pueda materializar la creación de valor. El liderazgo es la resonancia colectiva dentro y entre espacios delimitados por membranas celulares en los que los individuos y los equipos puedan actuar como empresarios. Con los demás y para los demás. Las cuerdas conectan a los equipos. No hay nada cerrado, ni fijo.

El liderazgo en Beta ya no es sinónimo de derecho a tomar decisiones. En su lugar, el poder de decisión «salta» hacia donde están los problemas: cualquier decisión debe ser tomada por un profesional afín, o maestro.

¿Qué les queda por hacer a los «gerentes»? Organizar la acción conjunta sobre la esfera de actividad, sobre los principios, los modelos empresariales y organizacionales. Organizar el «trabajo de identidad». Representar externamente y atraer a las personas adecuadas. Agilizar las relaciones entre las células. Moderar a los conflictos. Permitir la visibilidad de los resultados. Asegurar la presencia de la habilidad y el dominio, sin reclamar el poder formal.

Si dejan que la estructura formal interfiera negativamente en la creación de valor, no están haciendo su trabajo.

El liderazgo tiene lugar en dos estructuras. Y, a su vez, altera estas estructuras.

Reclutamiento y selección como disciplinas clave del liderazgo: Conseguir las personas adecuadas a bordo

de selección y promoción altamente formalizados, estandarizados y desocializados se han convertido en la norma. Los directivos y los profesionales de RR. HH. se reparten la responsabilidad de la selección, a veces con el apoyo de psicólogos evaluadores. Esto conduce a un énfasis excesivo en los criterios de selección aparentemente objetivos y fácilmente observables, en particular, los comportamientos, las «habilidades» y las competencias.

Una vez que la estandarización de los comportamientos y las competencias individuales se vuelven dominantes en la selección y la promoción, la baja diversidad es una consecuencia inevitable, así como una falta crónica de «ajuste» cultural entre los nuevos participantes y sus equipos. Es probable que surja una jerarquía de incompetencia («como salvaguarda, me aseguro de que las personas que están por debajo de mí sean ligeramente peores que yo»).

En Beta, la selección de personal se considera la tarea de liderazgo «más sagrada» de todas. Aquí, participar intensamente en la selección es una cuestión de honor. Esto da lugar a procesos de selección socialmente densos: Los compañeros reclutan a los compañeros. En lugar de los representantes de la estructura formal, los compañeros de las estructuras informales y de creación de valor serán los responsables de las decisiones de selección de sus equipos. La baja formalización y el fuerte diálogo dan peso a factores menos observables, como la «actitud», el «ajuste cultural» y el «ajuste con el equipo» en la toma de decisiones. En todo proceso de selección intervendrán numerosas personas (cinco o siete, por ejemplo) y cada una de ellas tendrá el poder de eliminar o excluir a los candidatos de un proceso, si está justificado.

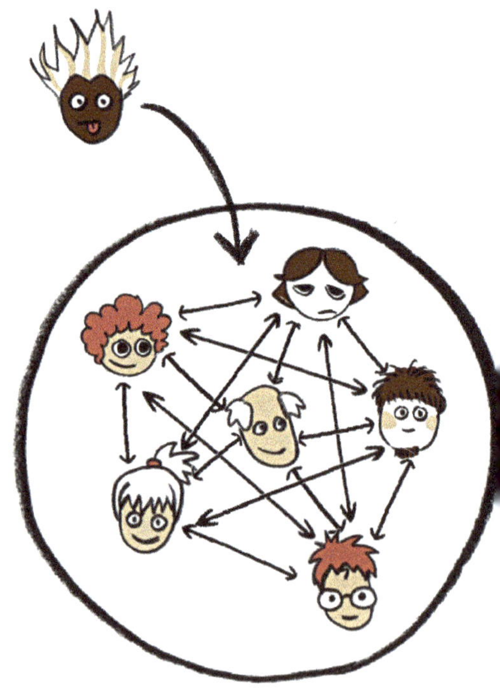

{ La contratación y la promoción son decisiones empresariales clave.
Un rasgo distintivo de una gran selección es que requiere mucho tiempo. }

Promover el autodesarrollo y la maestría

No se puede ni se necesita desarrollar a las personas. Pueden hacerlo por sí mismas. Sin embargo, una organización puede y debe crear condiciones y foros para el autodesarrollo, además de asegurarse de que los gerentes se aparten del camino al no tratar de controlar o contener el autodesarrollo.

La maestría individual es el único mecanismo viable para resolver problemas en la complejidad.

Tendemos a sobrevalorar el talento y a infravalorar el aprendizaje sistemático y disciplinado. A sobrevalorar la formación en el aula, y a infravalorar el aprendizaje integrado en la vida laboral real. A sobrevalorar la instrucción formal y a infravalorar la interacción inspiradora, la creación de redes informales y las comunidades de práctica.

{ Los presupuestos de capacitación solo sirven para controlar, no para aprender. Deséchelos y ponga los recursos de aprendizaje a disposición de los que quieren aprender, cuando quieran aprender. }

Practicar la transparencia «radical»

La información es para la responsabilidad empresarial lo que el oxígeno es para el cuerpo humano. En una organización, sin un acceso rápido y fácil a la información —incluida la relativa al rendimiento de los equipos y a los resultados financieros de la organización— los equipos y las personas caminarán en la oscuridad. La transparencia es como encender la luz.

La transparencia hace posible la ambición, un sano espíritu de competitividad y la presión del grupo o de los compañeros.

Tener los «libros abiertos» forma parte de ello. Si te encuentras pensando en los posibles «peligros» de la apertura de los libros, probablemente no has reflexionado todavía sobre el tema. En ese caso, es hora de hacerlo.

{ Transparencia es el nuevo control. }

Hacer que los objetivos, las medidas y las compensaciones sean «relativas»

**En los mercados dinámicos, el pronóstico se vuelve imposible.
La planificación se convierte en un ritual inútil, cuando no engañoso.**

En el trabajo intensivo en conocimiento, colgar zanahorias delante de la gente no solo no funciona, sino que la desmotiva, estrangulando el compromiso y el espíritu de equipo. La dirección a través de objetivos, la medición del rendimiento y los sistemas de compensación deben tener en cuenta la complejidad, la interdependencia y la naturaleza de la motivación.

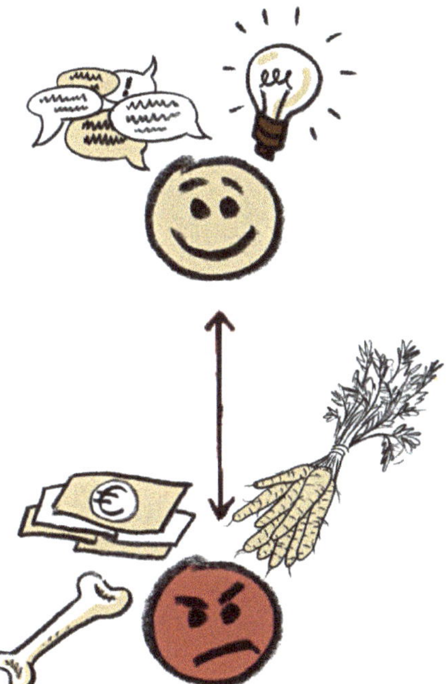

Principios de diseño Beta:

- Transparencia y mejoras
- Comparación de pares (equipo)
- Comparación con periodos previos
- Diálogo y desacuerdos
- Pago por valor de mercado
- Reparto de los beneficios, reparto de las ganancias
- Lucha conjunta contra el despilfarro
- Costeo por objetivos

Principios de diseño Alfa:

- Objetivos fijos e individuales
- Gestión por objetivos
- Presupuestos y planes
- Evaluación del desempeño
- Retribución por posición
- Remuneración por rendimiento
- Incentivos y bonos
- Gestión de costos

> Que el propósito impulse el comportamiento.
> No los números, ni los procesos de manipulación y control.

Una mejor forma de tomar decisiones en la complejidad

La toma de decisiones descentralizada en una estructura de red hace indispensable contar con un «pegamento» social entre los diferentes actores y equipos. La consulta o la toma de decisiones consultiva es uno de esos medios. Es mejor, aún, convertir la toma de decisiones individual consultiva a un principio.

Como hemos visto, la toma de decisiones jerárquica («aprobación por los jefes») no es eficaz en la complejidad. Las alternativas obvias y conocidas, como la unanimidad o la decisión por mayoría en comités y reuniones, no son eficaces ni prácticas: tienden a alimentar la burocracia y el despilfarro. Las organizaciones de red dinámicas y robustas necesitan mecanismos de toma de decisiones más eficaces.

La consulta se refiere generalmente a la recopilación de información y asesoramiento, antes de tomar una decisión. Los médicos, en determinadas condiciones, están obligados a consultar a sus compañeros. Los abogados también acostumbran a hacerlo.

En las organizaciones con una toma de decisiones sistemáticamente descentralizada, también se puede encontrar la práctica y el principio de la consulta.
Pueden llamarlo proceso de asesoramiento (AES), deliberación (dm-drogerie markt), recomendación, «línea de flotación» (W.L.Gore) o «nemawashi» (Toyota y otros).

{ Lo que distingue a la consulta del diálogo: se parte de un problema concreto o caso de decisión; en la consulta, decide exactamente un responsable (que debe ser nombrado al principio); la consulta no es voluntaria, es obligatoria. }

Así es como funciona la «toma de decisiones individuales consultivas»

 **Grupo: «¿Quién toma las decisiones?»**
Sigue el supuesto de que «los jefes deben decidir por sí mismos lo menos posible»; afina el problema; elige al responsable de la decisión, aplicando criterios como: el involucramiento, la proximidad al problema, la calidad de la búsqueda de ideas...

 **El decisor y el consultado: «¿Cuáles son las opciones?»**
Realizar «diálogos consultivos», compartir conocimientos; generar ideas, reducir el campo de decisión, aprender unos de otros y «cambiar» juntos

 **Grupo: «¿Qué podemos hacer mejor?»**
Respaldan conjuntamente la decisión, sin menoscabar la responsabilidad individual; lo celebran juntos, dan su opinión; «ejercen el perdón», si es necesario; más tarde recuerdan la experiencia en situaciones similares

El decisor: «¿Con quién consulto?»
Sabe que la consulta es un deber, no una opción; busca ayuda con los más apropiados: colegas, especialistas internos, expertos externos, consultores, gerente (y, dependiendo de la relevancia, adicionalmente, el directorio); es responsable de seleccionar a los socios de consulta internos/externos

El decisor: «¿Cuál es mi opción?»
Asume toda la responsabilidad; elige la mejor opción, teniendo en cuenta diferentes ideas y opiniones; hace un seguimiento de las consecuencias de la decisión; si es necesario, defiende la decisión o la modifica posteriormente

La consulta es como un esquema de sugerencias puesto al revés.

De Alfa al BetaCodex
y a un conjunto de principios de diseño
para la organización de la complejidad

Ley	Beta (¡Haz esto!)	Alfa (¡No esto!)
01. Autonomía del equipo:	conexión con el propósito,	no con la dependencia
02. Federalización:	integración en células,	no división en silos
03. Liderazgos:	autoorganización,	no gestión
04. Éxito rotundo:	aptitud integral,	no mono-maximización
05. Transparencia:	fluye la inteligencia,	no obstrucción del poder
06. Orientación al mercado:	objetivos relativos,	no prescripción fija, de arriba abajo
07. Ingreso condicional:	participación,	no incentivos
08. Claridad mental, presencia:	preparación,	no economía planeada
09. Ritmo:	tacto y ritmo,	no orientación al año fiscal
10. Decisión basada en la maestría:	consecuencia,	no burocracia
11. Disciplina de recursos:	conveniencia,	no orientación al estatus
12. Coordinación de flujos:	dinámicas de creación de valor,	no asignaciones estáticas

Versión 2018, *www.betacodex.org.*

{ Tanto Alfa como Beta son modos mentales basados en códices que consisten en conjuntos de leyes interdependientes. En la dinámica actual (y con la gente de la Teoría Y a bordo), la práctica Beta dará lugar a un rendimiento competitivo superior. }

Parte

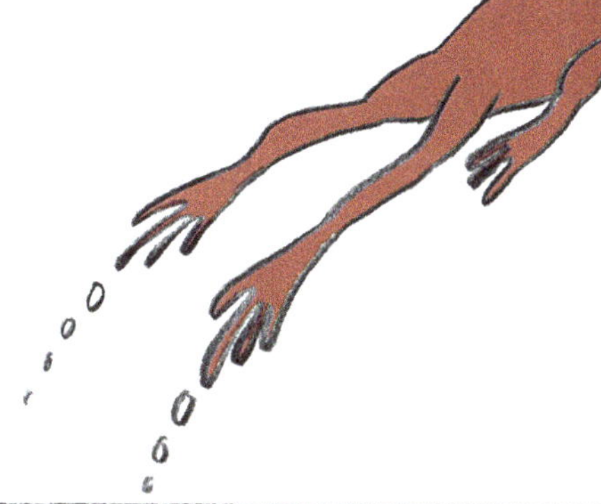

7

Transformarse o seguir estancado: El camino a seguir

(Cómo funciona la transformación organizacional. Realmente funciona)

Transformación de los modelos organizacionales: necesidad y desafío

Aunque la gestión taylorista o Alfa ha seguido siendo hasta ahora algo así como el modelo estándar de gobierno de las organizaciones, no deja de ser parte del pasado. Como hemos visto, el mundo ya ha cambiado: la alta complejidad en la creación de valor se ha convertido en la norma.

Para cada organización existente, las más antiguas, esto plantea la cuestión: ¿podemos transformarnos a nosotros mismos? ¿O realmente necesitamos hacerlo? Y si es así, ¿cómo se pasa de Alfa a Beta?

Para las organizaciones más jóvenes, la pregunta es: ¿cómo podemos evitar o eludir Alfa y mantener un modelo organizacional altamente emprendedor?

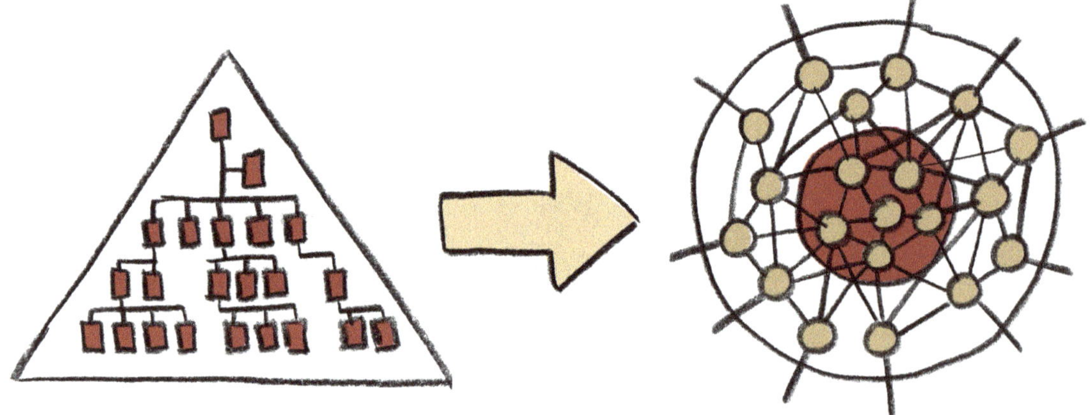

{ La optimización, la mejora del modelo existente, la «innovación en la gestión» o el trabajo en el modelo no te llevará de Alfa a Beta. Solo trabajar sobre el modelo puede hacerlo. }

Cómo evolucionó nuestra comprensión del «cambio organizacional»

Un modelo útil para distinguir las mentalidades y los enfoques del cambio proviene de Marvin Weisbord. Muestra que hay cuatro actitudes fundamentalmente distintas hacia el cambio organizacional que han evolucionado en los últimos cien años. Los métodos y herramientas de cambio necesarios mutaron en paralelo con estos modelos de pensamiento, sucesivamente, y en contextos históricos específicos.

Para la transformación hacia Beta, solo el último enfoque mostrado aquí es suficiente: el trabajo sistémico, organizado como un proceso social.

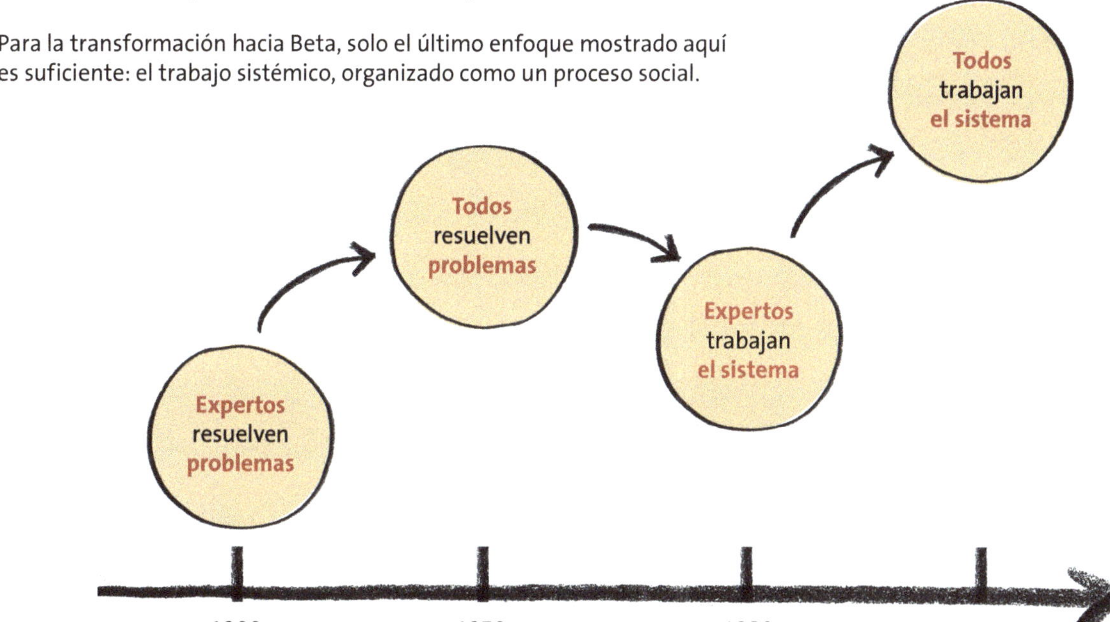

La tecnología para actuar sobre el cambio transformacional como «proceso social colectivo que afecta al sistema» es bastante reciente: ha evolucionado y madurado solo en las últimas décadas.

Teoría evolutiva para las organizaciones: La transformación forma parte de la normalidad organizacional

Las organizaciones no nacen en «modo Alfa».
Evolucionan o se transforman en ella.

El economista Friedrich Glasl explica este fenómeno en su teoría de las fases de desarrollo por las que puede evolucionar una organización. Tomando prestado de allí, tenemos tres fases, o evolución organizacional, y tres tipos de transformación.

Alfa es, en este sentido, un paso evolutivo típico que dan las organizaciones. Solo muy pocas empresas han conseguido hasta ahora evitar la fase de «diferenciación» por completo.

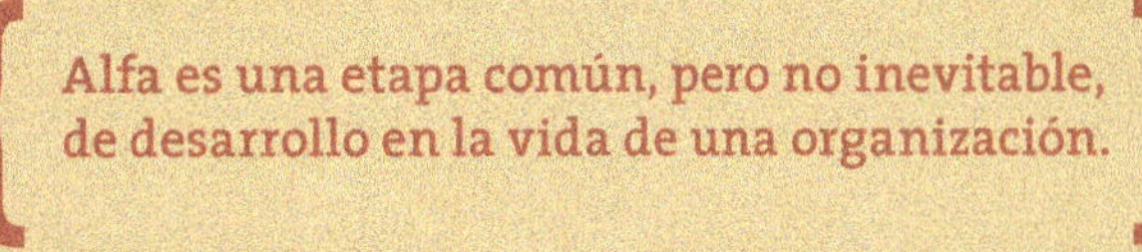

**Grado de descentra-
lización en la toma
de decisiones**

Alto

Bajo

**1. Arranque
   o «Fase pionera»**

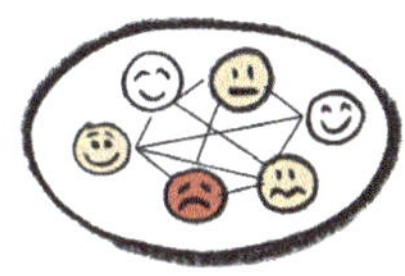

Alta densidad social;
desarrollo del modelo de
negocio y de la estructura
de creación de valor; la estructura formal tiene poco
peso, pero la «química»
importa enormemente;
dominan los supuestos de
la Teoría Y de la naturaleza
humana

Tres tipos de
transformación

**2. Alfa
   o «Fase de diferenciación»**

Activado por el crecimiento, surgen la diferenciación funcional y
jerárquica y la burocratización;
los supuestos de la Teoría X
sobre la naturaleza humana
empiezan a dominar

**3. Beta
   o «Fase de integración»**

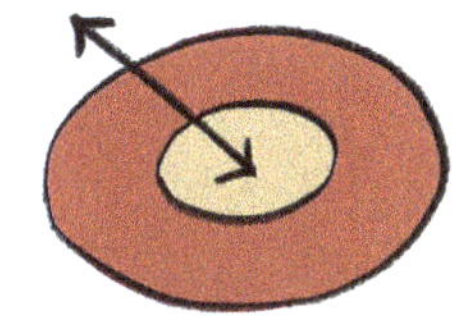

La organización como una
red descentralizada de
miniempresas o células
integradas funcionalmente/
jerárquicamente; (volver a)
supuestos de la Teoría Y de
la naturaleza humana

Fundación   Organización joven   Organización antigua   **Tiempo**

Los tres tipos de transformación: Cómo las organizaciones se convierten en «Alfa» y cómo pueden dejarlo atrás

La mayoría de las organizaciones ya han pasado por una transformación, o están en medio de una.

Llamamos a los tres tipos de transformación organizacional «Burocratización», «Profundización» y «Transformación Beta».

A medida que la dirección centralizada se convierte en un problema de complejidad, las empresas en crecimiento deben aprender a hacer la Profundización y necesitan encontrar una manera de evitar la fase Alfa.

Casi todas las organizaciones más grandes y antiguas necesitan la Transformación Beta, es decir, integración funcional y jerárquica, combinada con la descentralización de la toma de decisiones.

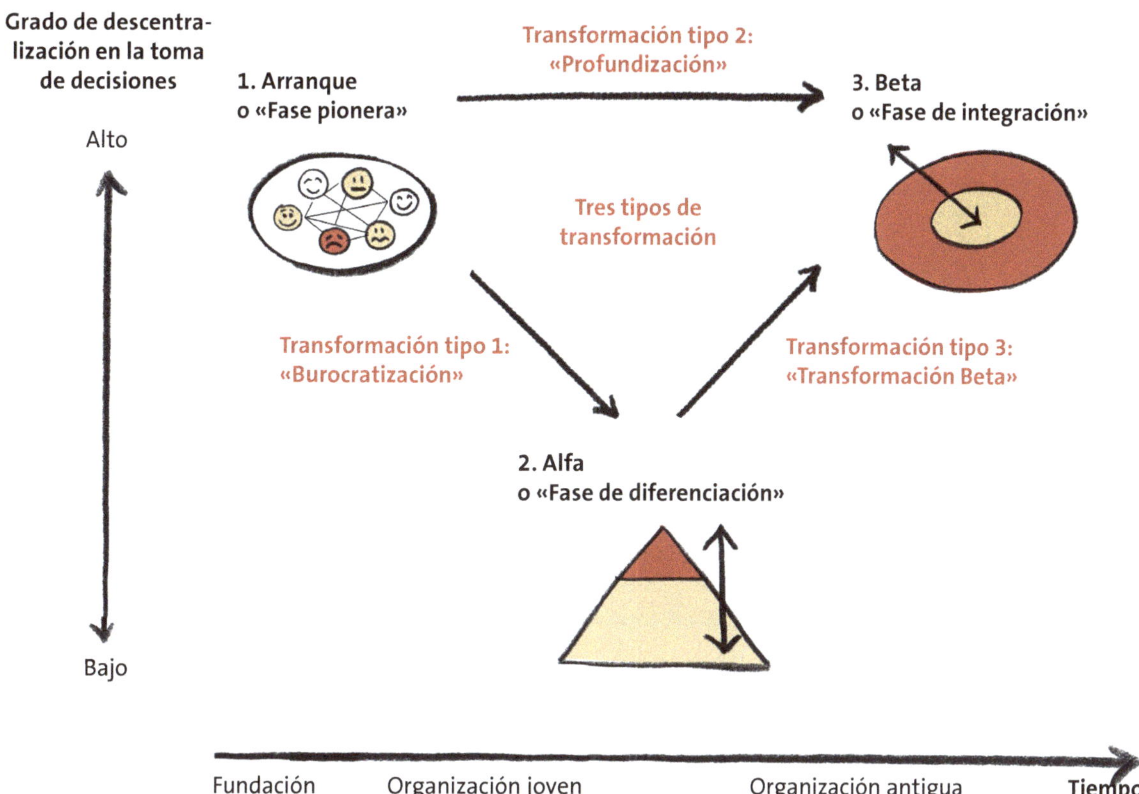

Grado de descentra-
lización en la toma
de decisiones

Alto

Bajo

1. Arranque
o «Fase pionera»

Transformación tipo 2:
«Profundización»

3. Beta
o «Fase de integración»

Tres tipos de
transformación

Transformación tipo 1:
«Burocratización»

Transformación tipo 3:
«Transformación Beta»

2. Alfa
o «Fase de diferenciación»

Fundación

Organización joven

Organización antigua

Tiempo

Del «arranque impresionante» al «lugar ordinario de Alfa»: El fenómeno de la sensibilidad al viento cruzado

La razón por la que la mayoría de las organizaciones de hoy en día terminan en la fase Alfa o de diferenciación, se llama sensibilidad al viento cruzado.

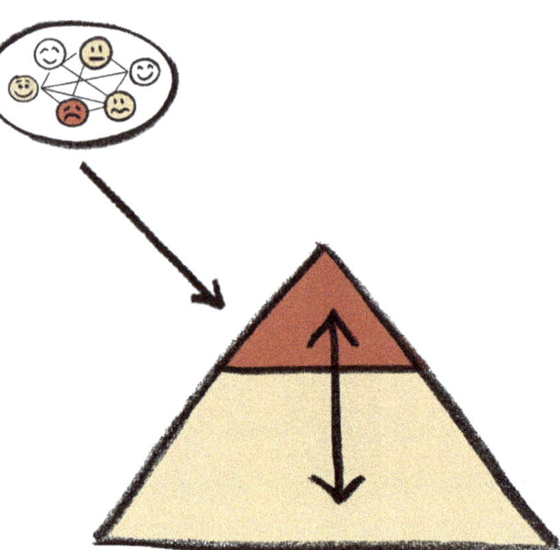

Las empresas recién fundadas son «organizaciones Beta ingenuas». Rara vez tienen un conocimiento preciso de lo que les hace tener éxito. En consecuencia, tienden a atribuir su éxito y alto rendimiento a sus productos, o a un modelo de negocio aparentemente superior.

Sin embargo, tarde o temprano, todas las empresa de éxito en crecimiento se ven divididas en centro y periferia por la dinámica externa. Reaccionan a esto desarrollando la jerarquía y la diferenciación funcional, que es el camino hacia la fase Alfa. O bien, profundizando en su modelo de organización Beta, mediante sucesivas divisiones celulares.

La burocratización suele producirse por sorpresa. Al igual que una fuerte ráfaga de viento cruzado que sale de la nada y derriba a un ciclista. El desencadenante de esta transformación es el propio crecimiento de la organización y la consiguiente disminución de la densidad social, pero las crisis también influyen. De repente, se oye el grito de «profesionalización»: se copian las mejores prácticas ajenas, se traen consultores, se establecen procesos y normas, se elaboran estructuras formales para oponerse al «caos». Así, se adoptan principios y creencias Alfa. Todo el mundo lo hace, ¿por qué no íbamos a hacerlo nosotros?

La transformación Beta, por el contrario, solo puede llevarse a cabo con un alto nivel de autoconciencia colectiva. Hay razones para ello. Hasta hoy, Alfa es el modelo organizacional por defecto: el repertorio Alfa puede aprenderse y practicarse prácticamente en todas partes. Además, el inconsciente colectivo sigue estando conformado predominantemente por ideas predemocráticas: pero Beta requiere tratar con el poder y la comunicación a un nivel más alto de complejidad. Esto no suele estar interiorizado, no está incorporado en los reflejos.

{ Alfa se ve favorecida por la sensibilidad al viento cruzado. Beta no lo es. }

Pasos hacia la profundización y la transformación Beta: En primer lugar, hacer tangible el sentido de urgencia

La mayoría de las organizaciones nunca han impulsado deliberadamente el cambio basándose en estos principios.

Como hemos visto en las «Tres F» y las «Tres R», si se quiere infundir el cambio no basta con mostrar lo que hay que hacer, con exponer bien los hechos o con explicar que el *status quo es* terrible. Tampoco tiene sentido afirmar que (solo) la crisis desencadena el cambio. Para generar impulso y energía para el cambio, la gente también debe estar convencida de que un futuro mejor es posible. Esto tiene poco que ver con el conocimiento, los ruegos o las «soluciones»

No busques respuestas a la primera. Evita asignar encuestas o informes. No reduzcas la necesidad de cambio al ahorro de costos. En lugar de ello, intenta captar el núcleo del problema desde el punto de vista emocional. Y demuestra a todo el mundo por qué no se puede retrasar el cambio. Por qué no se puede llevar a cabo a puerta cerrada, ni ser impartido solo por la alta dirección o los consultores.

Te darás cuenta de que estás en el buen camino para articular el sentido de urgencia, cuando entren en juego palabras como «nosotros», «ahora» y «juntos». Cuando estés preparado para formular el sentido de urgencia de forma figurada.

{ El sentido de la urgencia es algo más que hablar de los hechos. }

Segundo: Encontrar y unir al grupo central para que se convierta en una «coalición guía» para el cambio

Un grupo social u organización de cualquier tamaño significativo tiene un grupo central: un grupo de miembros «que realmente importan.» Este grupo es un elemento de la estructura informal. Para que se produzca la transformación, el grupo central –o una parte relevante del mismo– debe unirse y asumir el liderazgo del proceso de cambio. Otra posibilidad es que un nuevo grupo central modificado se reúna para encabezar el cambio, formando un pacto por el cambio entre ellos.

John Kotter describió el proceso de formación de ese grupo central en varios de sus libros, incluida la fábula *Nuestro iceberg se está derritiendo*. Kotter llama al grupo central para el cambio la «coalición guía».

La coalición debe incorporar la diversidad.
Diferentes niveles de poder formal e influencia informal; diferentes roles, diferentes preferencias, diferentes caracteres y fortalezas comunicativas. Solo con la diversidad, y complementándose positivamente, el grupo central podrá utilizar toda la gama de posibles intervenciones transformadoras y dominar los retos y crisis de la transformación.

{ Toda organización tiene ya un grupo central.
Para la Transformación Beta, este grupo debe unirse y aprender a liderar cambios complejos. El grupo debe convertirse en un equipo. }

En tercer lugar:
Escriba una carta a su organización

Como salvaguarda contra el viento cruzado y como herramienta de transformación, se recomienda la autodescripción. Como forma de poner por escrito el sentido de urgencia, es el vehículo más eficaz para organizar el trabajo de pensamiento y comunicación necesario para un cambio profundo. Es una base ideal para procesos de transformación sólidos.

Llamamos a esta autodescripción «Carta a nosotros mismos». También puedes llamar a la carta manifiesto, libro de cultura, constitución, o caso para el cambio de tu empresa. **Cualquier organización que supere la fase de arranque debería elaborar un documento de este tipo en algún momento.**

Una «Carta a nosotros mismos» puede tener una extensión de 20 a 40 páginas. Puede diseñarse en forma de un pequeño libro. Consiste en explicar por qué el cambio es urgente ahora. De dónde viene la organización. Y cómo podría ser un futuro mejor para ella. Por tanto, la carta siempre describirá el pasado, el presente y el futuro.

{ Por cierto: una organización no puede conocerse totalmente a sí misma. Por lo tanto, una autodescripción solo puede desarrollarse con ayuda externa. }

Cuarto: Ir con la energía del cambio, no contra ella. Aprende a enfrentarte a las dos formas de resistencia

La transformación organizacional, como proceso social, se nutre de ser operada conjuntamente por todos los miembros de la organización. No está dirigida por un comité, ni a puerta cerrada. No desde arriba hacia abajo. No por especialistas externos. Para que esto tenga éxito, la decisión formal de transformación debe tomarse lo más tarde posible. Solo debe tener lugar cuando prácticamente todos estén a bordo: resuenen con el sentido de urgencia y se relacionen con la «Carta a nosotros mismos».

La transformación no puede planificarse ni programarse. Requiere de un espacio para emerger. Por tanto, un proceso de este tipo vive de la resonancia que él mismo genera en la organización.

La resistencia en la transformación es natural. Tiene que haber resistencia. De lo contrario, la organización ya se habría transformado por sí sola o como por arte de magia. En el enfoque emergente del cambio que aquí se describe, la resistencia es mucho menos amplia y menos difusa de lo que es típico en el cambio planificado. Sin embargo, hay dos formas básicas de resistencia que son relevantes en este caso, y ambas requieren una acción coherente y una consecuencia.

El primer tipo está guiado por el interés propio. La llamamos resistencia táctica. Es relativamente escasa. **La segunda está guiada por el miedo al futuro y los sentimientos de inseguridad.** La llamamos resistencia intuitiva. Esta última puede procesarse y resolverse utilizando las «Tres R». La primera no puede.

> La resistencia al cambio es tan natural como el sudor en los deportes profesionales. Con un enfoque emergente del cambio, la resistencia se minimiza y se puede trabajar.

Beta versus Alfa:
Los dos modelos comparados

Beta
Viva
Sorpresa
Principios
Estructura de creación de valor/flujo
Creencia de la naturaleza humana: Teoría Y
Sistémica
Descentralizada
Economías de flujo
Tecnología: liderazgo

Células de red como «miniempresas»
Relaciones de creación de valor de fuera a dentro/*pull*
Las partes interesadas forman un círculo virtuoso
Las personas primero, los clientes después
El «mercado» (referencia externa) manda
La integración funcional determina la estructura
Estructura informal: cultivada, tiene espacio
Liderazgo: descentralizado, temporal
Los que lideran están al servicio de equipos y del todo
Todos toman decisiones importantes
La consulta da estabilidad, es obligatoria
Complejos: elegantes, mejores y más baratos
Adecuado, mejor calidad y costo
El todo es la suma de las interacciones
Decidir lo más tarde posible
Recursos justo a tiempo, diálogo
Los equipos contratan a nuevos compañeros
En equipo, autoorganización, presión social
Transparencia radical
Contratos de desempeño relativos, referencia externa
Comparaciones reales-actuales
Todos piensan y actúan, siempre
Reparto de resultados y propiedad permiten conexión
Celebrar el éxito y el fracaso conjuntos
Pagar a la persona
Agile, *Scrum*, prototipos rápidos, *Design Thinking*
Mejorar la interacción, invertir en equipos vivos
El cambio es emergente y continuo

Alfa
Muerta
Repetición
Reglas
Estructura formal / mando
Creencia de la naturaleza humana: Teoría X
Mecanicista
Centralizada
Economías de escala
Tecnología: gestión

Funciones, departamentos, divisiones
Relaciones de poder de arriba a abajo/*push*
Intereses de las partes en eterno conflicto
¡Los clientes primero! ¡Los accionistas primero! ¡Los beneficios!
La «gerencia» (función interna) manda
La división funcional determina la estructura
Estructura informal: reprimida
Liderazgo: centralizado, vinculado al cargo
Los jefes gobiernan mediante el mando y el control
Gerentes: se les paga por tomar decisiones
Los procesos dan estabilidad, deben seguirse
Eficientes: totalmente utilizados, más rápidos y más baratos
Más, más grande, cuota de mercado
El todo es la suma de las partes
Decidir lo más pronto posible
Recursos alineados, presupuesto
Los RR. HH. y los jefes toman las decisiones de contratación
Individualización, control jerárquico, burocracia
La información es poder
Contratos de desempeño fijos, negociados internamente
Comparaciones planificadas-actuales
Estratégico frente a operativo
Los incentivos y los sistemas de bonificación impulsan el desempeñ
Premios y castigos
Pagar al cargo
Gestión de proyectos, cascada
Formar al individuo, desarrollo del personal
El cambio es una actividad controlada y temporal
Perseguir las mejores prácticas

Transformación: Un proceso de «doble hélice»

Un modelo de proceso de cambio de los equipos o de la organización en su conjunto no puede hacer frente a todo el reto que supone una transformación Beta. Hay otra, una segunda dimensión del cambio: no está relacionada con la organización como organismo social, sino que tiene que ver con la experiencia de transformación de cada individuo.

Los estilos de comunicación y los patrones de comportamiento de cada uno deben cambiar.
Así pues, para lograr una verdadera transformación organizacional, hay que añadir otra dimensión al marco: un modelo de proceso para el cambio personal, o individual.

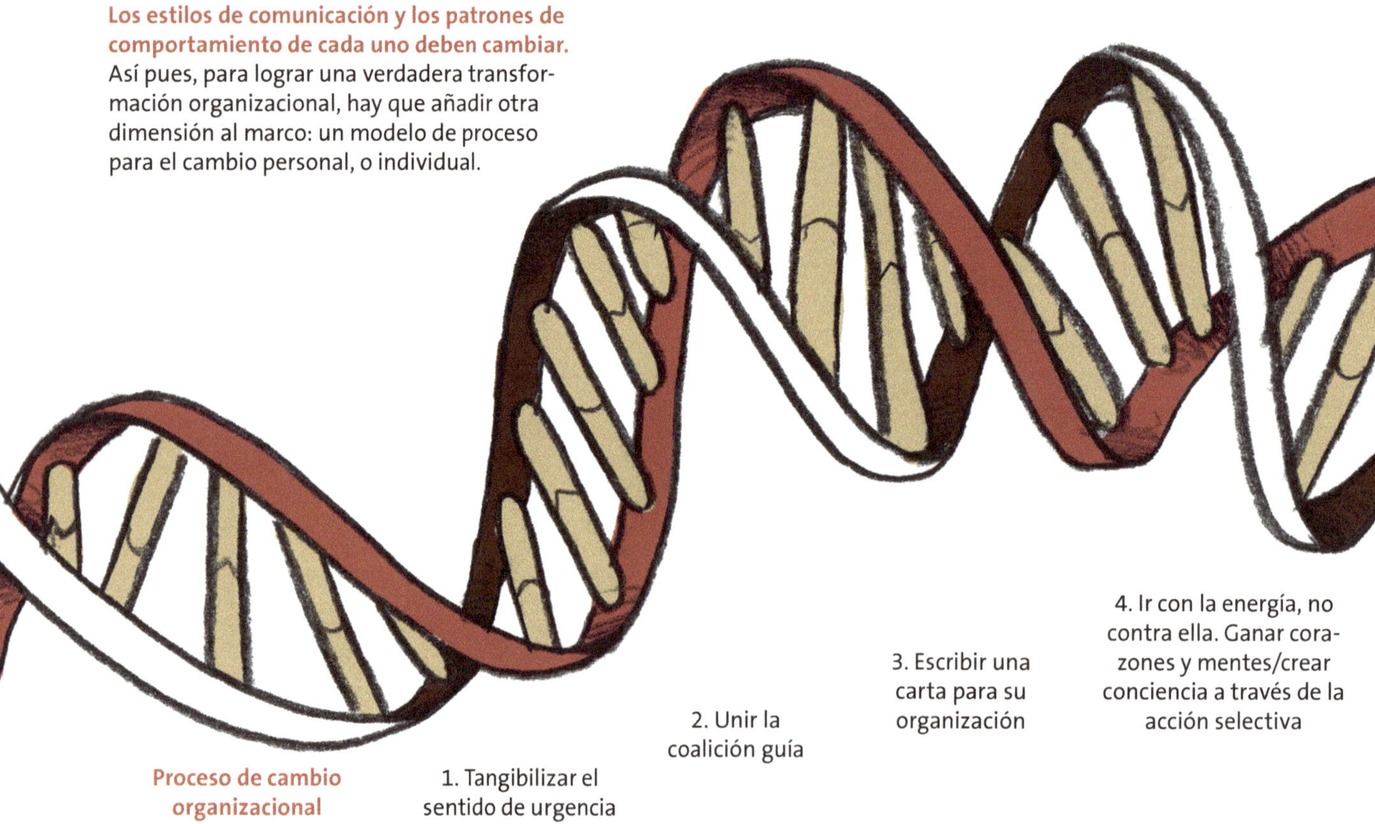

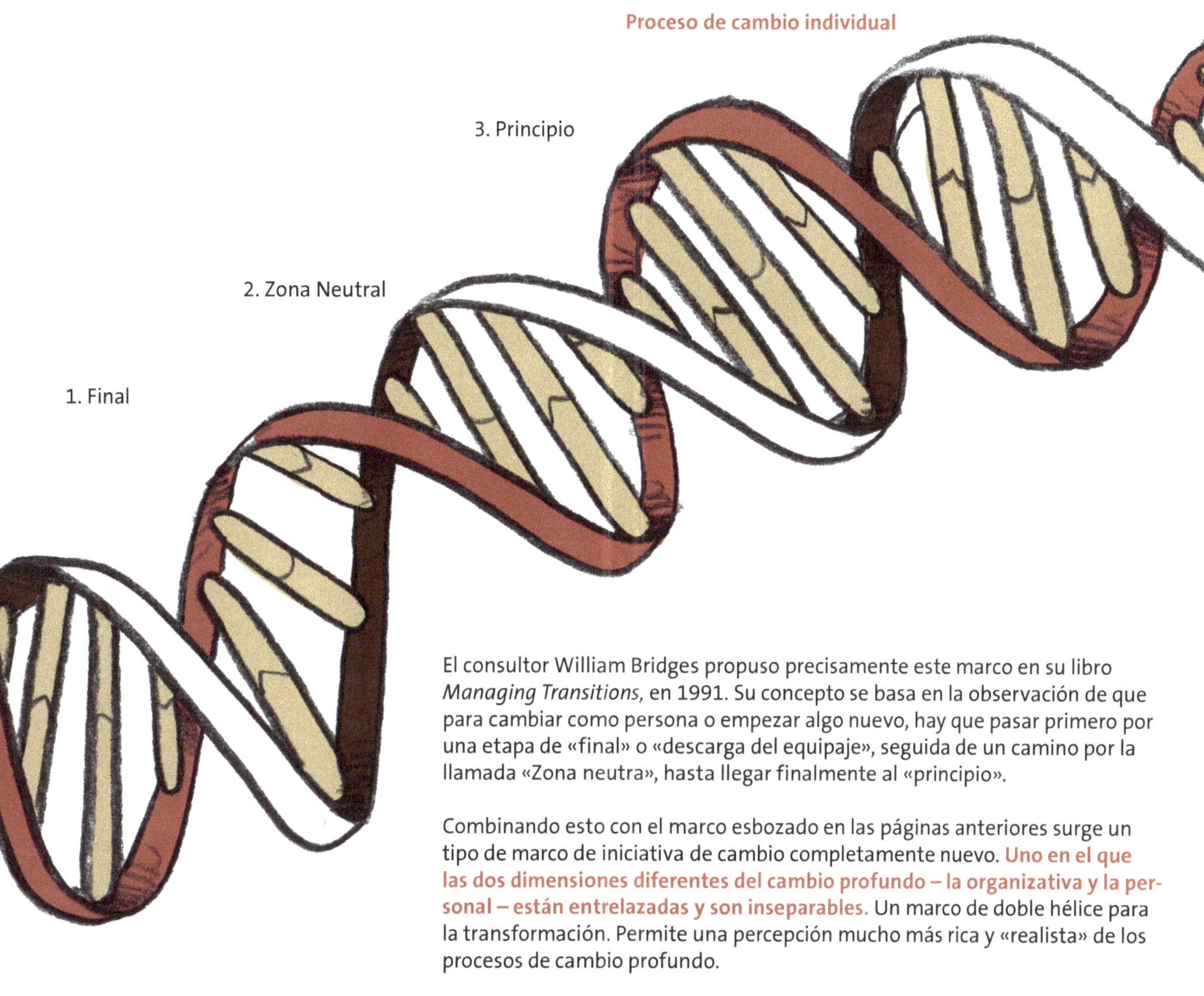

El consultor William Bridges propuso precisamente este marco en su libro *Managing Transitions,* en 1991. Su concepto se basa en la observación de que para cambiar como persona o empezar algo nuevo, hay que pasar primero por una etapa de «final» o «descarga del equipaje», seguida de un camino por la llamada «Zona neutra», hasta llegar finalmente al «principio».

Combinando esto con el marco esbozado en las páginas anteriores surge un tipo de marco de iniciativa de cambio completamente nuevo. **Uno en el que las dos dimensiones diferentes del cambio profundo – la organizativa y la personal – están entrelazadas y son inseparables.** Un marco de doble hélice para la transformación. Permite una percepción mucho más rica y «realista» de los procesos de cambio profundo.

> La transformación es sistémica, dual y acoplada por naturaleza. Elude la gestión de proyectos. Sin embargo, puede ser liderada y guiada, y apoyada por el método.

¿Quieres ponerte en marcha? Cómo es realmente tu influencia personal y cómo utilizarla

El Velocímetro de Influencia es una herramienta de pensamiento que puede ayudar a obtener una mejor comprensión de tu influencia personal dentro de tu propia organización.

Pregúntate a ti mismo: ¿qué poder tengo? ¿En qué y en quién puedo influir directamente o indirectamente, «jugando sobre la banda»? ¿Qué velocidad de cambio puedo esperar cuando uso esta influencia?

Mi área de influencia indirecta:
velocidad de cambio baja a mediana

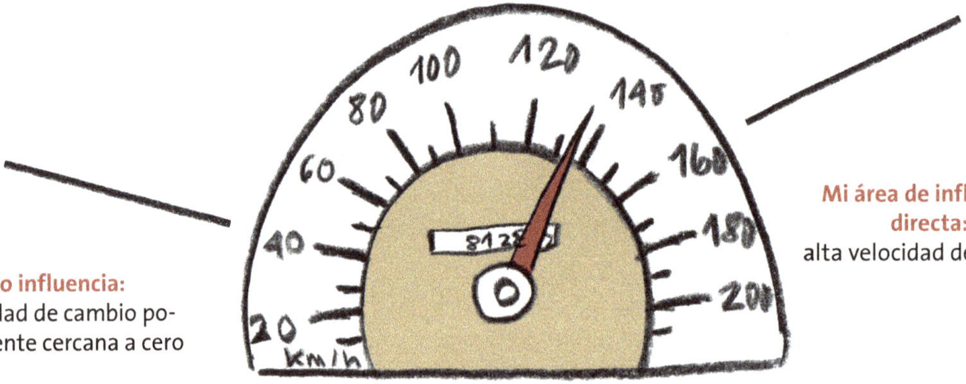

Mi área de influencia directa:
alta velocidad de cambio

No influencia:
velocidad de cambio posiblemente cercana a cero

{ No tener ninguna influencia sobre la propia organización es la excepción, no la regla. Casi siempre es necesario «jugar la pelota de rebote». }

Cómo empujar a tu organización hacia el camino de la transformación

Muchos de nosotros nos sentimos impotentes ante el reto que supone el cambio profundo para una organización. Sin embargo, hay tres cosas que cualquiera puede hacer para empujar suavemente a su propia organización hacia el camino de la complejidad.

Fomenta el diálogo constructivo y la creación de redes. Eres un miembro de la estructura informal de tu organización. Aprovecha esta estructura para la transformación. ¡Descubrirás que no estás solo!

Utiliza los foros existentes para los impulsos. Toda organización crea foros de comunicación que pueden ser aprovechados o «reutilizados» para los estímulos de transformación. Pueden ser eventos y conferencias, encuentros anuales, reuniones de directivos e incluso fiestas de Navidad. ¿Quiénes son los «curadores» de estos foros?

Elimina lo que obstaculiza. A menudo es más fácil y requiere menos influencia eliminar los obstáculos internos que implantar algo completamente «nuevo». Esto no significa que esa higiene organizacional sea menos eficaz que la creación de nuevas prácticas.

Cómo utilizar la herramienta de búsqueda. Responder siempre primero a la pregunta ¿quién? ¿Quiénes son los que tienen una influencia relevante? ¿Los que me aprecian? ¿Los que tienen habilidades relevantes para el cambio? Luego viene el ¿Cómo? ¿Cómo pueden estos actores proporcionar una ayuda específica? ¿Cómo puedo contactar con ellos?

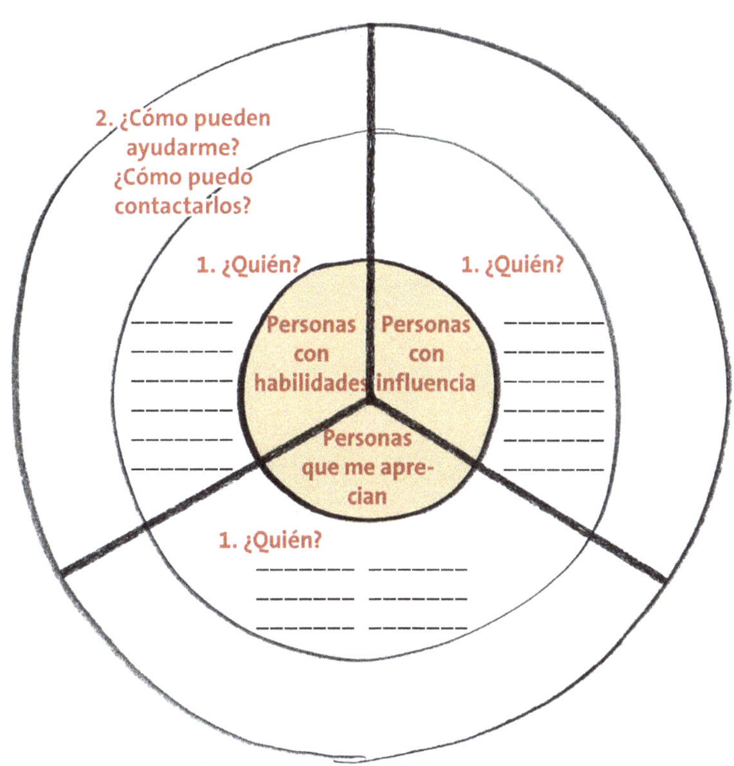

Extras

«El Management es charlatanería»

(Una entrevista)

«El Management es charlatanería»
Una entrevista

La entrevista fue dirigida por Winfried Kretschmer y Michael Kres

Sr. Pflaeging, usted aboga por eliminar la gestión. ¿No es una propuesta bastante atrevida? ¿No bastaría con mejorar la gestión?

Si nos fijamos en las empresas más grandes o incluso en las más pequeñas, está claro que la mayoría de las veces estos lugares tienen poco que ofrecer en términos de calidad de vida o de trabajo. Hay buenas razones por las que muchas personas están insatisfechas con sus condiciones de trabajo. Está la famosa resignación mental, que es una reacción a las deficiencias de las organizaciones. La gente abandona en masa las corporaciones, las empresas grandes y las pequeñas, y opta por el trabajo por cuenta propia. En mi opinión, esta angustia en las organizaciones, en el trabajo, tiene un único origen, a saber, el hecho de que todavía intentamos gobernar el trabajo con técnicas y métodos de mando y control, es decir, de «gestionar». Nos adherimos a un dogma de gestión que no es apropiado ni para las personas en las organizaciones, ni para los inversionistas, ni para los clientes, la sociedad u otras partes interesadas.

Acabar con la gestión no es una osadía, ¡es algo que hace tiempo debió haberse hecho!

¿Qué tiene de malo la gestión? ¿Qué es lo que critica?

Casi todo está mal en la gestión. La propia gestión está mal. Me gusta comparar la situación actual con el estado de la medicina o las artes curativas en la Edad Media europea. En nuestras latitudes, en aquella época, la gente apenas sabía nada sobre el origen de las enfermedades, los conocimientos científicos de la antigüedad se ignoraban o se habían perdido, los charlatanes y los curanderos utilizaban métodos precientíficos, a menudo de inspiración exclusivamente religiosa, para tratar las enfermedades. En aquella época, una forma típica de tratamiento era la sangría (flebotomía), una técnica que no contribuía en absoluto a la recuperación, pero que mataba a una buena parte de los pacientes. Una cosa espantosa. En el ámbito del liderazgo organizacional, hoy nos encontramos en un punto de inflexión similar al estado de la medicina antes del Renacimiento: Seguimos aferrados a la charlatanería. Los clientes y los empleados son desangrados con frecuencia por ejecutivos formados en MBA, las consultorías gerenciales desangran empresas enteras. La mayoría de los directivos actúan según su leal saber y entender y de buena fe.

Sin embargo, la gestión es más un obstáculo para las organizaciones, los empleados y los clientes, que una fuente de creación de valor. Los problemas complejos no pueden resolverse con el repertorio de la gestión. Solo se agravan con las llamadas mejoras, optimizaciones, gestión de costos y reorganizaciones.

El hecho es que casi todos los aspectos de la gestión empresarial deben cambiar. En las organizaciones de cualquier tipo se necesita algo totalmente diferente a lo que hoy asociamos con la gestión.

¿Qué quiere decir exactamente con «gestión»?

En primer lugar: la gestión no es lo mismo que el liderazgo. Algunos expertos en gestión los consideran equivalentes. Ignorar esta diferencia significa malinterpretar la historia de la gestión empresarial. ¡Es como llamar a los iPads máquinas de escribir! El liderazgo consigue algo que es totalmente diferente a lo que consigue la gestión. La gerencia, la tecnología social de la era industrial, puede ofrecer algo muy específico: es un modelo conceptual adecuado para producir eficiencia en el trabajo repetitivo, estandarizado y complicado. Por eso es útil en condiciones específicas: cuando es posible emplear el principio de dividir el pensar del hacer.

Esta idea básica se remonta a Frederick W. Taylor y ha configurado nuestra sociedad como solo lo han hecho otras pocas ideas: la teoría de la evolución, por ejemplo. Taylor propuso e ideó métodos muy eficaces para «liberar» del pensamiento a gran parte del trabajo industrial, en aquel momento todavía incipiente; para convertir a una gran parte de los trabajadores en cuasi-máquinas que ya no tendrían que pensar, sino sólo ejecutar. Hace un siglo, esta era una idea verdaderamente revolucionaria. Prometía un salto cuántico para la creación de valor industrial. Básicamente, una gran cosa. La separación personal, temporal y también geográfica entre el pensar y el actuar se convirtió en el principio definitorio de la gestión. Este era su núcleo ingenioso y ahora es su debilidad fatal. Hoy

en día, el principio de la división del personal y del tiempo, se convierte en un obstáculo en el camino de la innovación, la calidad, la orientación al cliente, la rentabilidad y la orientación al mercado y, en consecuencia, el manejo eficaz de la complejidad.

Su argumento es: los supuestos básicos son erróneos, porque el mundo ha cambiado en los más de cien años transcurridos desde la aparición de la gestión. ¿Cuáles son estos supuestos básicos?

La situación en la era industrial era radicalmente diferente a la actual. En aquella época, las empresas existían en sociedades predemocráticas y actuaban en mercados que eran oligopolios o monopolios, y que no estaban en absoluto tan globalizados y competitivos como los mercados actuales. La educación era irregular en aquella época y el trabajador medio apenas sabía leer y escribir. Por tanto, la mayoría de las empresas podían permitirse el lujo de obligar a sus clientes y a sus empleados: obligar a los clientes a comprar y a los empleados a trabajar. La tecnología social de la gestión se originó en este contexto. Lo que hoy se forma en las escuelas de negocios, así como las prácticas administrativas y de liderazgo imperantes en las empresas o las prácticas difundidas por los consultores gerenciales, todo eso se originó en esta época. Nos aferramos a conceptos que tienen poco que ver con la visión científica actual y con la realidad del mercado de hoy

Si he entendido bien, usted habla de dos supuestos básicos. El primero está relacionado con la naturaleza humana...

Sí, el supuesto subyacente de la gestión es una percepción específica de la naturaleza humana. Según este concepto, en principio, las personas tratan fundamentalmente de evitar el trabajo y hay que forzarlas o seducirlas para que lo realicen. Hay que controlarlas. El principio de Taylor de la división jerárquica entre los que piensan y los que hacen está profundamente arraigado en esta teoría, y aunque este principio fue eficaz durante la era industrial, lamentablemente ha seguido siendo la forma estándar de conducir las organizaciones hasta nuestros días. Aunque intuimos que esta división ya no puede considerarse adecuada.

El reto actual es que debemos aprender a organizar el trabajo de acuerdo con realidades de mercado totalmente diferentes. Necesitamos la motivación de todos los miembros de una organización, necesitamos el espíritu emprendedor que las personas poseen intrínsecamente. Sabemos que este impulso existe desde la investigación motivacional de los años cincuenta y sesenta. Pero el 90 % de las herramientas, procesos y hábitos de gestión se basan en una ideología de subordinación y superación, en esta visión tan pérfida de la naturaleza humana. No podemos confiar en los empleados, debemos forzarlos, incentivarlos y controlarlos externamente, de lo contrario el rendimiento no se produce. Las cosas solo funcionan cuando los gerentes, cuando los jefes, obligan, alimentan con cuchara, sobornan, etc., a sus empleados y subordinados. Este es el legado discapacitante de la era industrial.

¡Y esta visión de la naturaleza humana es errónea!

Ciertamente. Las personas no son perezosas y aletargadas de por sí, aunque, naturalmente, pueden tener ese comportamiento, si es necesario. No necesitan que se les obligue a trabajar. Sin embargo, este prejuicio profundamente arraigado sobre las personas y su relación con el trabajo es lo que mantiene viva la gestión.

Cualquiera que haya aprendido a creer en el mando y el control tendrá grandes dificultades para ver las deficiencias de estos métodos y apartarse de ellos. Los procesos controlados externamente, son un ejemplo, de que debe haber presupuestos y gestión de costos, de que la evaluación y las evaluaciones de los empleados son buenas y correctas y eficaces, o de que la dirección por objetivos y los sistemas de incentivos son necesarios para inducir el desempeño. Nadie favorecería a su cónyuge o compañero de vida con una revisión anual del desempeño de los empleados, en la línea de: «cariño, vamos a tener una pequeña charla sobre tus indicadores clave de desempeño, sobre la mejora del desempeño, sobre tus objetivos para el próximo año». Nosotros no hacemos esto, ni creemos que algo así pueda ser de alguna manera «efectivo». Sin embargo, en las empresas esto nos parece bastante natural.

El segundo supuesto básico se refiere a las organizaciones y su capacidad de control. ¿Necesitan las organizaciones la jerarquía?

El prejuicio mencionado anteriormente sobre el concepto de naturaleza humana es también la base de la suposición de que la jerarquía formal debe desempeñar inevitablemente un papel importante en las organizaciones. Si las personas fueran seres deficientes, que intentan crónicamente alejarse de su trabajo, entonces naturalmente necesitaríamos la jerarquía para mantener la organización bajo control, a la luz de todas esas personas con sus defectos y deficiencias.

El segundo supuesto básico erróneo, sin embargo, tiene que ver con la ilusión de control: la creencia de que podemos controlar de algún modo el futuro y la complejidad de una organización. Se trata de una creencia absurda, por supuesto, pero fíjese en cómo pasan el tiempo la mayoría de los directivos y en el tipo de metáforas que se conjuran sobre las organizaciones. La afirmación de que las empresas se parecen a las orquestas es un ejemplo. Las orquestas y las empresas tienen bastante poco en común, aparte del hecho de que ambas requieren naturalmente un número relativamente grande de personas. Las orquestas interpretan conjuntamente una partitura existente, en cambio las empresas deben enfrentarse a un futuro incierto. Actúan en mercados en los que se encuentran constantemente con problemas con los que nunca antes se habían topado. Por necesidad, las empresas deben aventurarse siempre en algo nuevo que nunca han encontrado antes. No siguen una partitura, no interpretan una partitura predefinida.

El futuro es imprevisible, es empresarial. Sin embargo, el pensamiento de gestión predominante está arraigado en el dogma de que somos capaces de dominar de algún modo el futuro y de controlarlo. Solo tenemos que pensar en un objetivo y trazar un plan para alcanzarlo. La creencia subyacente es que el futuro es obediente a nuestros planes, previsible, controlable. En realidad, por supuesto, los mercados son muy dinámicos y sorprendentes. Y cuanto más dinámicos y complejos se vuelven los mercados, más el control interno y la planificación económica centralizada llevan a las organizaciones al paredón.

Hace unas décadas nos dimos cuenta de que la planificación económica centralizada no es apta para dirigir o gobernar las economías nacionales. Sin embargo, aún no hemos comprendido que lo mismo se aplica a las empresas y a las organizaciones en general. No avanzamos ni mejoramos el rendimiento con el planeamiento estratégico, la elaboración de presupuestos, la fijación de objetivos y las directrices fijas, sencillamente porque el futuro no es predecible y las organizaciones son sistemas complejos.

La gestión es algo así como la economía soviética para las empresas. Los objetivos se fijan, los incentivos se vinculan a los objetivos y, en general, se intenta tener a los empleados bajo control, para que sigan estos planes, cuotas, presupuestos y objetivos. Combinado con un aparato de supresión total y el miedo, siempre que sea necesario. Eso es soviético en el fondo. Esto es economía soviética, ¡y nosotros lo llamamos gestión!

¿No bastaría la suave coacción que se produce una vez que las organizaciones más planas y jóvenes se vuelven más eficaces y productivas, para erradicar la gestión, con el tiempo? ¿O necesitamos algo así como una revolución en las empresas existentes?

No creo que la «coacción suave» sea un enfoque de cambio capaz de desencadenar el efecto transformador necesario en las organizaciones de todo el mundo. La gestión es una mentalidad que no desaparecerá por sí sola. Todos llevamos modelos mentales que hacen posible que, como seres humanos, sobrevivamos en un entorno complejo. Y hemos aprendido a resolver problemas de una manera específica, a trabajar juntos en organizaciones de una manera específica. Si ahora queremos cambiar eso, porque los viejos métodos ya no funcionan, entonces nos enfrentamos al problema de cómo generar un aprendizaje colectivo.

Si el modelo de «gestión» mental ya no es útil, esto significa, en primer lugar, que debemos aceptar este hecho, y luego debemos cambiar nuestra forma de pensar. Debemos aprender teorías o modelos mentales nuevos. Sin embargo, este reconocimiento sigue siendo bastante infrecuente. En el ámbito de la organización, se trata de una auténtica revolución del liderazgo. Pero a nivel individual, esto no requiere una revolución, sino un proceso de aprendizaje, una variedad de pasos de aprendizaje, al final de los cuales una persona se da cuenta de que piensa de manera diferente y ahora puede acceder a otros repertorios de comportamiento más eficaces.

Uno de mis clientes de consultoría describió así este proceso de transformación individual: una persona que se encuentra en esta fase de aprendizaje experimenta con frecuencia flashes de entendimiento, es decir, momentos de conocimiento algo bruscos, en los que se abren nuevas posibilidades de comportamiento más eficaces. Sin embargo, entre estos alentadores destellos de conocimiento, la persona también experimenta continuas recaídas en los antiguos patrones de comportamiento, lo que a su vez puede resultar algo desalentador.

Por lo tanto, es mejor que encontremos un camino diferente al de esperar que la presión o el estímulo externos hagan que el cambio se produzca por nosotros. Será mejor que busquemos formas de generar estos momentos de destello y aumentar su frecuencia. En este sentido, el hecho de que haya bastantes organizaciones pioneras que ya han recorrido este camino, es de ayuda, pero no es suficiente. Hay bastantes ejemplos de organizaciones que se han transformado a sí mismas, o que han mantenido un modelo organizacional «Beta» a lo largo de su existencia, y de las que se puede aprender. Pero la transformación dentro de una organización existente también requiere un método.

¿Cuánto tiempo le da a las estructuras económicas centrales existentes en las empresas?

Corresponde al poder de los mercados determinar cuánto tiempo podrán seguir sobreviviendo las empresas individuales que persiguen el dogma de la gestión, o del mando y control. En última instancia, los mercados pondrán fin a la gestión tal y como la conocemos hoy. En algunas industrias este proceso de desplazamiento ya está muy avanzado, por ejemplo en la industria mundial del automóvil. O tomemos el mercado alemán de las farmacias, donde el antiguo líder del mercado, Schlecker, fue barrido del mercado por la presión de competidores «no gestionados», como dm-drogerie markt, El viejo modelo organizacional provoca su propia desaparición. Tras 100 años de gestión, nos acercamos a un cambio generacional en los paradigmas del liderazgo organizacional. Nos acercamos a un renacimiento del trabajo y de las organizaciones.

Usted mismo trabajó una vez como *Controller* financiero y conoció de primera mano las grandes empresas. En aquel momento, ¿cuál fue la experiencia clave que despertó su convicción de que la gestión es superflua?

Básicamente, hubo dos tipos de experiencias clave. Por un lado, como director de finanzas tuve un momento de reflexión importante. Después de varios años en la empresa, simplemente no pude evitar darme cuenta de que los instrumentos y métodos, como la planificación presupuestaria, la estrategia, los informes de gestión, las previsiones, es decir, todo el sistema de planificación e información, no funcionan.

Los sistemas comunes de gestión del rendimiento, en general, incluidas las partes supervisadas por las áreas de recursos humanos, no producen ni alineamiento, ni eficiencia, ni visión, ni diálogo. ¡Por no hablar de mejoras! Solo producen inercia, fatiga y desmotivación.

Además, la experiencia personal con jefes y ejecutivos me permitió constatar las múltiples formas en que la dirección y el control jerárquicos fracasan regularmente. Esa idea de que los jefes deben saber y estar siempre al mando, de que pueden tomar mejores decisiones que sus subordinados, no funcionaba en absoluto, mirara donde mirara y escuchara a quien escuchara.

Hoy en día, en mi papel de consultor, sigo observando que la comunicación en las organizaciones, en casi todas partes, se lleva a cabo de una manera demasiado unilateral y que rara vez pone a las personas en situación de igualdad. Sobre todo cuando las personas y los equipos se ven sometidos a presión, lo que por supuesto es muy frecuente. En consecuencia, falta aprendizaje, falta espacio para el desarrollo de la maestría y falta espacio para los mecanismos de corrección social. Lo correcto, lo sensato, no suele abrirse paso a la fuerza. Este fracaso del mando y control puede observarse prácticamente en todas partes, en todo tipo de organizaciones. Todos conocemos y reconocemos los síntomas. Por eso, libros como *Cómo trabajar para un idiota* o *La regla para no ser un imbécil* son *best-sellers*.

¿Qué ocurre cuando se elimina la gestión? ¿Se desata el caos total? ¿Qué significa eso para los gerentes?

Para poner la gestión en el montón de basura de la historia, ¡no necesitamos enviar a los gerentes a la hoguera! En realidad, no se trata de deshacerse de los gerentes, sino de abolir la tecnología de gestión. Piensen en lo que ocurre con las máquinas de escribir: ya nadie necesita una máquina de escribir. Todos seguimos escribiendo, quizá más que nunca, pero lo hacemos con computadoras, laptops, tabletas, teléfonos

móviles y todo tipo de aparatos. El cambio crucial asociado a la transición de la gestión a una organización más contemporánea, basada en la complejidad, consiste en abolir la división entre los que piensan y los que actúan. En una organización así, a todos se les permitirá pensar, podrán pensar, y de repente se espera que piensen en todo momento. Esto está decididamente cargado de consecuencias ¡y no es tan fácil de imaginar para la mayoría de la gente dentro de las empresas actuales con sus rituales, dogmas, procesos, reglas y herramientas de gestión!

En el nuevo dogma no son solo unos pocos directivos los que piensan, sino que quizá sean miles las personas que piensan. En una organización de este tipo, la necesidad de transparencia y de una auténtica coordinación en equipo – no a través de los jefes – se desarrolla con bastante rapidez. Se produce una mayor densidad social, así como una presión grupal más constructiva. Más inteligencia colectiva, más autoorganización, más divergencia.

Pero debe haber alguien que tenga la visión global, el panorama general.

Muchos en una organización deben ver el panorama general, idealmente todos deben tener una visión global. Pero para dejar atrás el mando y el control, la vigilancia no debe ir acompañada del poder de supervisión. Con la soberanía en la toma de decisiones y el poder sobre todo y todos. En la redacción de un periódico, el redactor jefe, por ejemplo, y el director general, supervisan. Son embajadores de la visión general. Sin embargo, no toman todas las decisiones. Todo lo contrario. Y en las reuniones diarias de la redacción se espera o se condena a todos a pensar por sí mismos.

¿Por qué habla de empresas Alfa y empresas Beta?

A primera vista, la distinción entre Alfa y Beta, entre gestión y liderazgo real, puede parecer algo complicada. Por otra parte, se necesitan términos y distinciones precisas en el contexto organizacional para que la gente pueda pensar en lo nuevo y distinguirlo de lo viejo.

Esto tiene que ver con el *branding*, en el sentido original de la palabra. Originalmente, «brandear» se refería al marcado del ganado con marcas que identificaban al propietario. Un ganadero marcaba su propio ganado para diferenciarlo del de otros ganaderos. Ahora necesitamos el mismo concepto en las organizaciones, en las empresas. Para lograr un cambio profundo, es necesario que las personas sean capaces de diferenciar lo que es la gestión Alfa, por un lado, es decir, las prácticas, los rituales, los conceptos, los dogmas que provocan o perpetúan la división entre el pensar y el hacer. Y lo que es el liderazgo Beta, por otro lado. La mayoría de las empresas, directivos y fundadores ni siquiera son conscientes de que existen dos modelos distintos de liderazgo organizacional. Uno antiguo que hizo un trabajo notablemente bueno en la era industrial, y uno nuevo que es realmente adecuado para los mercados y la complejidad de hoy.

En mi trabajo de transformación durante la última década, me he dado cuenta de que las personas se vuelven mejores y más rápidas a la hora de reconocer, aprender y practicar de forma consistente el nuevo modo si constantemente yuxtaponen este nuevo modo con el antiguo. Debemos aprender a ver la distinción.

¿Qué significa esto, concretamente?

Un ejemplo: hace unos 40 años vivimos la llamada tercera revolución en la industria del automóvil, que se asoció principalmente con el auge de Toyota. Muchos querían emular el éxito del modelo de Toyota, que representa el éxito integral y la mayor eficiencia. Sin embargo, el hecho de que los llamados *andon cords* (con los que los trabajadores podían parar la línea de producción sin ayuda, si era necesario, como en Toyota) se adoptaran sucesivamente en las fábricas de automóviles de todo el mundo, no significaba, ni mucho menos, que se hubieran introducido el estilo Toyota, el pensamiento

Toyota y la cultura Toyota. En una organización moldeada por el miedo, estas líneas no tienen mucho sentido, porque tirar de la cuerda podría dar lugar a represalias y podría ser visto como una admisión de fracaso.

Una organización sólida y compleja como la de Toyota no es una herramienta. Tampoco se consigue con herramientas. Se compone de una serie de principios, de cientos de conceptos, con los que todos los empleados, incluidos los directivos, tienen que estar absolutamente comprometidos. Que todos los miembros de una organización mantengan firmemente en sus corazones y mentes. Para crear un proceso de transformación hacia una cultura de alto rendimiento de este tipo, debemos entender lo que hace que los dos modelos de liderazgo organizacional funcionen. El modelo Alfa, taylorista, jerárquico-burocrático, optimizado para el control externo. Y el modelo Beta, recortado para el autocontrol, la descentralización y la responsabilidad compartida.

En el mundo empresarial actual, Alfa sigue siendo la norma, Beta es la excepción. Toyota es una de estas excepciones, y lo ha sido durante 50 años. En los mercados dinámicos y saturados, las empresas Alfa no pueden hacer frente a la presión competitiva que ejercen las empresas Beta con su alto rendimiento. Sin embargo, solo los que son conscientes de lo antiguo pueden enfrentarse a lo nuevo. Ahora más que nunca, el alto rendimiento sostenible no está impulsado por la calidad de los productos y servicios, sino por la idoneidad de los modelos organizacionales.

¿Cómo se puede saber si se trata de una organización Alfa o Beta?

Es bastante sencillo, en realidad hay muchos síntomas que son típicos para el modelo respectivo. Desde hace unos años, vivo en Estados Unidos a tiempo parcial y suelo comprar allí en una tienda de comestibles llamada Trader Joe's. Esta cadena de tiendas pertenece al *holding* alemán Aldi, pero es un poco diferente a su homólogo europeo. Cada sucursal parece una tienda de comestibles local: en su aspecto refleja la zona o el barrio donde se encuentra. Esto tiene un efecto muy informal y agradable. Por no hablar de la alta calidad de los productos y los sensacionales precios en comparación con otros supermercados. Ahora bien, si quieres averiguar si se trata de una empresa Beta o Alfa, normalmente solo tienes que hacer algunas preguntas a los empleados. Confrontarlos con un problema. En una organización Beta, como Trader Joe's, la mayoría de las veces simplemente se obtienen respuestas inteligentes y reflexivas de todos los empleados. En Trader Joe's el empleado tiene la responsabilidad y además la asume. En una empresa Beta nadie dice: «¡no soy responsable de eso!», «así son las cosas por aquí», «no puedo hacer nada al respecto» o «¡todavía puedes presentar una queja a la gerencia!».

Sin embargo, en las organizaciones Beta pueden ocurrir incidentes curiosos, que en otros lugares serían casi inexplicables. Por ejemplo, Southwest Airlines, también una organización Beta madura. Hace unos años, en Southwest, un auxiliar de vuelo pidió a una pasajera que abandonara el avión, porque consideraba que su falda era demasiado corta. Demasiado sexy. Esta mujer, con su minifalda, recorrió entonces los programas de entrevistas de Estados Unidos y causó un pequeño revuelo con su historia sobre cómo no había sido tratada «adecuadamente» por la compañía y cómo había sido discriminada. Sin embargo, Southwest se mantuvo en sus principios: Los auxiliares de vuelo toman una amplia gama de decisiones por sí mismos y deben actuar siempre como si la empresa les perteneciera. Por lo tanto, cuando los empleados piensan por sí mismos y toman decisiones empresariales de forma autónoma, debe asumir en todo momento la responsabilidad conjunta de esas decisiones, aunque usted u otros miembros de la organización pudieran haber decidido algo distinto.

Aquí es donde se produce la fricción, el aprendizaje y una gran cantidad de inteligencia colectiva. En Handelsbanken, un banco universal europeo con sede en Suecia, están orgu-

llosos de no operar con *call centers*; Handelsbanken cree que la gente dentro de la estructura de un *call center* no puede pensar y actuar eficazmente de manera emprendedora. En Handelsbanken, Southwest o Trader Joe's no quieren ni pueden realizar ejercicios de planificación anual ¡porque no quieren ser condescendientes con su propia gente!

Un tipo de organización Beta produce muchas historias de este tipo. Peculiaridades, prácticas inusuales, por las que pueden ser reconocidas al instante entre tantas organizaciones sobredirigidas e infradirigidas.

Usted ha observado de cerca la cadena europea de venta de medicamentos, dm-drogerie markt, con sede en Alemania. Según usted, se trata de una empresa que se transformó en una organización Beta hace unos veinte años. Cuéntenos más sobre cómo se produjo esta transformación.

Una anécdota contada por Goetz Werner, cofundador y principal propietario de la empresa, ilustra especialmente bien la actitud que yo llamo BetaCodex. Werner cuenta que, hasta los años 80, pensaba que era un buen jefe cuando era capaz de dar una respuesta a cualquier empleado que le planteara una pregunta. Al fin y al cabo, un buen jefe naturalmente sabe las cosas y debe ser decisivo, ¿no? Entonces, Werner reconoció que había un mundo de diferencia entre esta actitud y el auténtico liderazgo. Se dio cuenta de que sería mejor que las personas que le preguntaran algo no salieran de su despacho con las respuestas preparadas, sino con cinco nuevas y muy buenas preguntas. ¡Los empleados no deberían aceptar simplemente! Deberían elaborar opciones y soluciones por sí mismos, asumir responsabilidades y evaluar los riesgos. Quería llevarlos a un proceso permanente de pensamiento y aprendizaje. Esa es la esencia del trabajo de liderazgo.

¿Qué aspecto tiene hoy una empresa como DM, veinte años después de su transformación en una organización Beta?

Hace un tiempo tuve la oportunidad de participar en una conferencia interna de liderazgo de DM con aproximadamente 200 ejecutivos. En el evento me pareció notable el alto nivel de reflexión y autoconciencia general de esta empresa, en comparación con otras empresas que he conocido en mi trabajo de consultoría. La diferencia era sorprendente.

En general, se podría decir que las organizaciones Beta producen mucha más disciplina colectiva y crean un lugar para la razón, no para la obediencia. La gente actúa de forma más reflexiva, pero también combinada con mucho más cuestionamiento y divergencia. Yo lo parafrasearía con «profesional y culto». Los empleados de DM, de Handelsbanken o de Toyota suelen tener una comprensión sensacionalmente clara de lo que hace que tengan éxito conjuntamente, de cómo se crea valor y de cómo funciona el rendimiento.

Usted asocia las organizaciones Beta con un concepto que denomina conectividad. Explíquenos este término con más detalle.

Básicamente, las empresas son los campos de juego de aventura más geniales del mundo. Se enfrentan constantemente a un gran número de problemas que hay que resolver. Para las personas inteligentes y que aprenden, ese es el mejor caldo de cultivo para la emoción, la estimulación y el desafío intelectual. Y también para crear un sentido de identidad o de propósito. Las organizaciones Alfa están diseñadas y dirigidas de tal manera que ni siquiera permiten a todos sus empleados acercarse a los problemas. Aquí, el paradigma imperante es que los problemas deben dividirse funcionalmente, asignar las piezas a las funciones y tratarlas de forma estandarizada, predecible y de acuerdo con el orden jerárquico. Este paradigma conduce a un increíble desaprovechamiento de los retos, la motivación, el potencial creativo y, en última instancia, el disfrute del trabajo.

Las organizaciones Beta enfocan todo esto de forma diferente. Enfrentan los problemas a muchos, incluso a todos los miembros de la organización. Organizan la innovación de tal manera que, en última instancia, cada persona la comparte y puede acoplar su motivación al propósito del trabajo. Cada día y todos los días. Google y W.L.Gore son ejemplos notables entre las organizaciones Beta, en este sentido. En estas empresas cada empleado puede y debe iniciar proyectos de investigación y desarrollo; se supone que los recursos financieros siguen a las ideas, y no al revés. No se trata de asignaciones y presupuestos mecánicos, sino de personas con ideas. De este modo, es mucho más probable que las personas conecten con el propósito de la organización.

La gente se aferra al poder. ¿Cómo encaja el tema del poder en el contexto de una organización Beta?

Esta pregunta me la hacen a menudo. Probablemente porque nos dejamos llevar por la idea errónea de que solo hay una cantidad limitada de poder en cualquier organización. En una organización Alfa, los directivos tienen el poder, todos los demás son impotentes. Esto es el clásico taylorismo. Ahora bien, una sospecha popular es que los directivos que comparten el poder con los miembros del equipo en una organización Beta deben perder parte de su poder. Pero el poder no es un juego de suma cero. Si comparto mi poder con los demás, puede que ganemos poder en general como equipo porque podemos trabajar juntos con más éxito y, por tanto, ganar influencia colectivamente. Una vez que empezamos a definir el poder como una influencia compartida sobre las estructuras informales y la creación de valor, queda claro que el poder en una jerarquía dirigida es hueco y vacío. Por eso, a menudo los directivos de las organizaciones Alfa son figuras trágicas, sobre todo.

¿Puede aplicarse el modelo Beta también a sectores menos complejos?

Cuanto más compleja es la creación de valor de la organización, más significativas son las ventajas de una organización Beta. Sin embargo, no debemos equiparar la complejidad de los productos con la complejidad de la creación de valor. La complejidad en la creación de valor está teniendo efecto ahora en todas partes, incluso en industrias relativamente lentas por tradición, como el sector de los seguros o la energía. Hemos encontrado pioneros Beta en todas las industrias posibles. Con Toyota hay al menos un fabricante de automóviles Beta, que es probablemente una de las industrias manufactureras más complejas que existen. Hay un banco que lleva más de 40 años funcionando de acuerdo con el BetaCodex. Una compañía aérea. Varias empresas minoristas, fabricantes de bienes de consumo y proveedores de servicios. Encontramos a Google, SAS, Valve y otros pioneros de Beta entre las empresas de Internet y de software. O por ejemplo, W.L.Gore, una empresa tecnológica muy innovadora. En el sector sanitario encontramos a DaVita, el proveedor de diálisis estadounidense.

¿El modelo Beta no privilegia potencialmente a los bien educados, a los que pueden establecerse en un entorno altamente profesional?

Solo si asumes que una buena educación genera casi automáticamente la capacidad de pensar por sí mismo y de actuar de forma responsable y emprendedora. Pero es probable que esta sea una suposición incorrecta. Cualquier niño de preescolar tiene hoy en día más ganas de aprender y de asumir responsabilidades que el típico graduado de secundaria, al que nuestro sistema escolar y educativo le ha quitado pronto esas ganas y esa capacidad. Los sistemas de educación superior serpentean con el mismo espíritu. En el sistema educativo encontramos precisamente los mismos modelos metálicos paralizantes de la era industrial que encontramos en el trabajo y las organizaciones.

Además, las organizaciones intensifican sus problemas aplicando procedimientos de selección y contratación que prestan demasiada atención a la cualificación técnica y a la experiencia, en lugar de a la actitud, las constelaciones de equi-

pos y la adaptación cultural. Varios pioneros de Beta, como Southwest Airlines, dieron la vuelta a estos supuestos hace tiempo. En Southwest valoran la actitud y el «encaje» cultural de los solicitantes de empleo mucho más que las cualificaciones técnicas. En consecuencia, dejaron de contratar a personas que habían trabajado anteriormente como auxiliares de vuelo en otras aerolíneas, ya que estas solían venir «estropeadas» por las culturas mucho menos emprendedoras de los competidores. El éxito económico sostenido (no solo) de Southwest a lo largo de las últimas cuatro décadas en este sector tan difícil indica que la empresa va por el buen camino.

Entonces, ¿cómo debemos imaginar la transición de Alfa a Beta? ¿Quién inicia ese proceso de cambio?

Quién inicia el proceso o quién lanza la primera bola no es tan importante. Sin embargo, la alta dirección debe tomar la pelota y decir: «queremos entender, debemos averiguar por qué ya no conseguimos resolver nuestros problemas con el modo anterior, por qué nuestras iniciativas de cambio tienen cada vez menos éxito y por qué nuestros empleados parecen estar perezosos y desmotivados». La alta dirección debe querer entender por qué el antiguo camino ha llegado a su fin, y cómo funcionaría un modelo organizacional alternativo. A continuación, la alta dirección debe asumir la responsabilidad del propio proceso. ¡No basta con «apoyar» o «respaldar» desde la distancia!

¿Cuáles son los siguientes pasos?

Hay dos caminos. Por un lado, hemos encontrado organizaciones Beta en las que los individuos iniciaron e impulsaron este tipo de transformación. Yo llamo a estas figuras «luces brillantes». Goetz Werner, de dm-drogerie markt, el Dr. Jan Wallander, de Handelsbanken, Taiichi Ohno, de Toyota, o Ricardo Semler, de Semco, en Brasil, son o han sido estas luces brillantes. Son auténticos genios, que con mucha energía y carisma iniciaron cambios de gran alcance en sus organizaciones. Sin embargo, también entendieron dónde era necesario actuar con empatía y decisión.

Naturalmente, solo hay unos pocos de estos genios del cambio. Las luces brillantes son escasas. Por eso, en las organizaciones actuales, por regla general, hay que apoyarse en algo más, es decir, en grupos centrales o coaliciones guía de quienes están dispuestos a liderar la transformación. Esta coalición guía estará formada por una serie de individuos que aporten conjuntamente las habilidades esenciales para el cambio, como la asertividad, la pasión, la influencia informal, el poder formal y el calibre intelectual. No se trata de una sola persona, sino de un equipo. El experto estadounidense en cambios, John Kotter, ha descrito de forma nítida y comprensible cómo debe ser este enfoque para un cambio profundo.

¿Por qué no vemos muchas más organizaciones Beta?

Tenemos un problema de pensamiento. A la mayoría de las personas les resulta difícil contemplar el rendimiento de la organización y el éxito de forma eficaz, porque sus herramientas conceptuales o sus «modelos mentales», como los denominó Max Weber, están conformados por dogmas de gestión obsoletos o Alfa, y ya no son adecuados para resolver los problemas.

En realidad, nadie tiene la culpa de que el pensamiento Alfa, hasta el día de hoy, siga siendo el modelo estándar de liderazgo organizacional. Pongamos algunos ejemplos: El 90 % de la gestión de riesgos consiste en métodos que no reducen, sino que en realidad generan y promueven los riesgos. La gestión de la calidad es casi siempre ineficaz. La gestión de costos es sistemáticamente ineficaz y perjudicial: se asemeja al boxeo de sombra. Las estructuras formales inducen la falta de coordinación y el pensamiento en silos. Los sistemas de compensación provocan los mismos problemas que pretenden resolver. Esto no significa que el riesgo, la calidad y los costos, la estructura y la remuneración no sean importantes.

Sin embargo, la forma en que las organizaciones Alfa abordan estas cuestiones es un poco como si todavía hoy tratáramos las enfermedades con sangrías y enemas.

En las condiciones de la era industrial – en mercados poco dinámicos y con una creación de valor de complejidad relativamente baja –, se podían conseguir ganancias de eficiencia con métodos de gestión como las normas, las reglas y la planificación. Aunque estos métodos, incluso entonces, no se consideraban moralmente inobjetables. Entretanto, estos métodos se han convertido en un problema en varios aspectos, tanto económicos como morales. A la mayoría de los directivos les cuesta imaginar alternativas. Una alternativa a la gestión de costos, por ejemplo. O ¿cómo serían unas estructuras organizativas más eficaces, sin división funcional y más allá del organigrama habitual? ¿Cómo mejoran los equipos su desempeño sin objetivos fijos y establecidos, sin presupuestos, sin comparaciones plan/real? ¿Cómo se puede liderar sin tomar decisiones? En todos estos ámbitos hay una gran necesidad de desarrollo y aprendizaje.

¿Esto significa que los gerentes, los profesionales, ni siquiera conocen las alternativas que pueden haber existido ya durante décadas?

Al menos, no pueden imaginar fácilmente estas alternativas en el contexto de sus propias organizaciones, ni comprender de forma práctica cómo podrían aplicarse estas alternativas a sus propios problemas. Naturalmente, se puede enviar a directivos de General Motors, de Fiat o de VW a visitar Toyota. Todo esto se ha hecho en el pasado. Se hizo hace 30 o 40 años. Los directivos volaron a Japón en masa para echar un vistazo al «milagro de la productividad japonesa», principalmente para averiguar qué hacía Toyota. La mayoría de estos directivos visitaron las fábricas de Toyota mientras estaban allí. ¿Qué aprendieron allí? No mucho. La mayoría de las veces, simplemente no pudieron ver o entender el modelo que se les explicó. Pero comprender un tipo de pensamiento diferente tampoco es tan fácil. Es casi imposible describir la creación de valor Beta y la lógica Beta utilizando la terminología y el lenguaje Alfa, y con la lógica Alfa en la cabeza.

Existe la anécdota de un directivo de General Motors que acababa de volver de Japón y que sostenía firmemente que los japoneses habían mostrado a su grupo de visitantes fábricas «falsas», imitaciones de fábricas, por así decirlo. También lo demostraba, concretamente ¡por el hecho de que esas supuestas fábricas ni siquiera tenían existencias e inventarios! Podemos decir, hasta la fecha, la mayoría de las organizaciones han aprendido poco de Toyota y otros pioneros del modelo Beta. Han imitado algo de lo que era obvio. Sin embargo, por lo general no han sido capaces de copiar el pensamiento Beta, y eso es lo que deberían haber aprendido. Y eso no es algo que se pueda aprender simplemente observando. Si alguien fuera a DM y quisiera describir el modelo de liderazgo de allí con el vocabulario estándar de gestión, o asignar las prácticas de DM a las herramientas clásicas de gestión, fracasaría inevitablemente.

¿Cómo se juzga la capacidad de replanteamiento de las organizaciones?

Una y otra vez me encuentro con directivos que consiguen rápidamente meterse en el BetaCodex. Hace unos años me invitaron a reunirme con altos ejecutivos de un grupo bancario de Italia con unos 10 000 empleados. Les expliqué el BetaCodex y el modelo organizacional de Handelsbanken al CEO y su equipo. El director general era un hombre muy objetivo, racional y reflexivo. Escuchaba con atención, pero no decía mucho. Así que, durante toda la reunión, no estuve seguro de lo que pensaba sobre el asunto.

Después de una hora y media dijo: «Ahora entiendo el modelo del Handelsbanken. Esta es precisamente la filosofía que necesitamos, pero que no tenemos hoy, y que nos resulta tan infinitamente difícil de entender». Luego dijo: «En cuanto a algunas cuestiones técnicas de nuestro sector, no puedo

imaginar todavía cómo pueden resolverse en el modo Beta. Sin embargo, si Handelsbanken lo practica con éxito, lo más probable es que haya soluciones alternativas para estas cuestiones técnicas». En otras palabras, se había puesto a pensar inmediatamente en esta nueva lógica que todavía le resulta-

ba muy extraña.

Sin esta voluntad de aprender a resolver los problemas de forma diferente, con un nuevo tipo de pensamiento, la transformación no es posible.

¿Quieres seguridad psicológica y desarrollo en la organización? Deja de intentar corregir síntomas y organiza para la complejidad

Por Julio Príncipe

Desde hace mucho tiempo, especialmente en los últimos años (indudablemente la pandemia ha incrementado la necesidad de esto), las organizaciones han venido buscando de diferentes maneras «la felicidad» en las personas como una manera de elevar la productividad y la seguridad psicológica como clave para el aprendizaje y la efectividad de los equipos.

Esta «seguridad psicológica» ha sido buscada muchas veces desde la aplicación de la consultoría organizacional y del *coaching* enfocadas en las emociones y el clima de trabajo, en la satisfacción y en factores de motivación externa, incluso en la meditación y el *mindfulness*. Sin embargo, estas intervenciones tienden a buscar corregir síntomas que, lamentablemente, si traen algún buen resultado tiene el riesgo de agravar en el mediano y largo plazo la situación, ya que nada peor que acostumbrarnos a un método de trabajo perverso o depositar el peso de las mejoras en los individuos cuando se trata de algo sistémico que requiere – por lo tanto – soluciones sistémicas.

Por otro lado, mientras la investigación psicológica ha hecho grandes aportes sobre aspectos estructurales como clave para la efectividad, la mirada en lo emocional ha seguido siendo parte esencial de la creación de condiciones de seguridad psicológica. Lo relacional, con toda seguridad es importante, sin embargo no podemos centrar la mirada en la mejora personal, puesto que – de una manera u otra – ese enfocarnos en lo personal puede tener implícita la exigencia a que las personas de que se hagan cargo de mejoras basadas en aspectos estructurales.

«Hay un nivel de complejidad más allá del cual una empresa ya no es administrable. Cuando la alta dirección tiene que depender totalmente de abstracciones – por ejemplo, informes, cifras y datos cuantitativos – en lugar de ver, conocer y comprender la empresa, su realidad, su personal, su ambiente, sus clientes y su tecnología, tenemos una compañía que ha llegado a ser demasiado compleja, de modo que no es administrable.»

Peter Drucker, en su clásico *La Gerencia*, 1976 de su edición en español

El año 1970, el Dr. Alexander Bavelas llevó a cabo un estudio en la Universidad de Stanford, que implicaba que voluntarios observaran imágenes de células enfermas y células sanas, y elegir en un tiempo límite cuál de las imágenes correspondía a las células sanas. Ninguno de los participantes voluntarios tenía entrenamiento previo en este tema, por lo que el experimento, aparentemente, mostraría el valor del aprendizaje mediante «ensayo y error». Es decir, cada vez que se acertara, el grupo vería una luz que les haría saber su acierto, a forma de refuerzo positivo.

Sin embargo, el valor mayor del experimento era este: los voluntarios fueron separados en dos grupos (en ambientes separados físicamente) y darían sus respuestas en paralelo sin poder comunicarse entre sí. Al primer grupo se le asignaba la luz de «respuesta correcta» cada vez que acertaba, por lo cual su desempeño fue mejorando con el tiempo, basado en sus aprendizajes. A su vez, el segundo grupo, independientemente de qué respuesta daba, recibía el *feedback* lumínico de estar en lo correcto en función de los aciertos del primer grupo, es decir, la situación de tener *feedback* lumínico no correspondiente con sus observaciones dificultaba el encontrar patrones o claves simples.

Posteriormente, los voluntarios de uno y otro grupo se encontraban y conversaban sobre sus intuiciones y aprendizajes al respecto, sobre qué les hacía suponer que una célula era sana o no. Como imaginarán, los voluntarios del primer grupo tenían respuestas bastante simples basadas en el *feedback* recibido y sus observaciones; mientras tanto los del segundo grupo tenían intrincadas teorías sobre lo que hace a una célula estar sana y cómo su observación es sumamente especial y complicada.

Luego, vino el descubrimiento más interesante de este estudio: se les pidió a los participantes su opinión sobre cuál de los dos grupos tendría resultados superiores la segunda vez que hicieran el experimento: ambos dijeron «el segundo grupo». Y si bien el segundo grupo no mejoró en el nuevo experimento, el primer grupo (que había sido muy superior al inicio), mostró resultados peores al del segundo grupo.

Parece ser que cuando nos presentan información «complicada» y en teorías sumamente detalladas (aunque sean absurdas), los grupos sociales tendemos a otorgarle más valor y credibilidad que cuando algo suena simple.

No confundir la herramienta con el fruto

Tal vez una de las trampas para encontrar la seguridad psicológica es que nos olvidamos de en qué contexto estamos: el de la complejidad y que por tanto, siguiendo a Drucker, «no es administrable».

En medio de la complejidad, hay tantos contextos enredándose y en juego, que no es posible – ni útil – separarlos y analizarlos como si fueran máquinas frías e inertes, como tampoco es posible – ni útil – tratar de entender o asegurar causas y efectos lineales.

Por tanto, tratar de abordar la complejidad con formas propias del mecanicismo y sus prácticas de gestión (es decir, separando, analizando y tratando de «rearmar» lo analizado) para que las personas y equipos puedan tomar riesgos o dar opiniones termina incrementando la frustración y el estrés. Asimismo, como se sabe bien, el estrés termina inhibiendo la capacidad de aprendizaje personal y de los equipos que tratan de tomar «decisiones correctas» y «anticiparse a los problemas» basados en la exigencia posterior al análisis y las métricas, con el consiguiente desgaste mental, emocional, físico y organizacional.

Por ello, es importante recordar que no hay que confundir la herramienta con el fruto; la seguridad psicológica no es algo que «se implemente» mecánicamente, sino que es una propiedad emergente de la forma en que nos relacionamos con el trabajo y los resultados, la seguridad psicológica es un fruto, no una herramienta. Y los frutos no crecen orgánicamente en máquinas sino en los campos y jardines. Y en este libro hay buenas recomendaciones de cómo crear condiciones para tener un campo fértil: hacer más Beta.

Entonces, ¿cómo prepararnos psicológicamente para cambiar las prácticas hacia un modelo Beta?

Parafraseando a Niels, «las personas y las organizaciones merecemos Beta»; es decir, los seres humanos anhelamos (y merecemos) espacios en los cuales podamos desarrollarnos tanto personalmente como organizacionalmente. Sin embargo, la realidad organizacional – como hemos visto en las páginas anteriores – se ha basado especialmente en complicados modelos de «mando y control» (Alfa), al punto en que modelos más simples y flexibles son difíciles de creer o entender; y muchos replican – como en la historia del huevo de Nasrudín – «si fuera así de simple, ya estaría hecho» o «debe de haber un truco, esto no funciona tan fácil» o cualquier otra idea que satisfaga la creencia de que para que funcione tiene que ser «complicada» y meticulosamente medida. Y aun así, ¡las personas queremos y merecemos Beta! La pregunta es ¿en qué momentos contribuimos a las mejores condiciones para que esto suceda, a pesar de contextos organizacionales Alfa?

Y es que las organizaciones son construcciones sociales, esto significa que las creamos y recreamos continuamente a partir de los significados y símbolos que elijamos comunicar. Es decir, si miramos a nuestra organización bajo la metáfora de una máquina estaremos creando condiciones propicias para un funcionamiento «Alfa». Y cuando miramos a nuestra organización bajo la metáfora de un sistema vivo, social, que se adapta a la complejidad de su entorno, estaremos creando condiciones propicias para que las conversaciones y prácticas «Beta» florezcan. Mientras más hablemos de esto, más posible se hará.

Como sabemos, contextos complejos como los que vivimos, requieren respuestas adecuadas a esta complejidad, y mi intención con este capítulo es mostrar las posibilidades que surgen de la aplicación de una forma de trabajo muy específica y centrada en lo que es posible.

¿Qué queremos?

Aunque esta pregunta parezca simple y tonta, no siempre está clara en los procesos de cambio. Usualmente la respuesta estará plagada de «aquello de lo que queremos librarnos», de «aquello que ya hemos intentado» o de «todo lo que no puedo explicar, pero tú sabes a lo que me refiero».

En medio de tanto énfasis y poca claridad ¿cómo podríamos ser un buen recurso para la transformación? ¿Qué diferentes nociones de transformación, cambio, agilidad, etc., están poblando las conversaciones de forma poco útil? ¿Estamos hablando todos de lo mismo? ¿Somos capaces de describir imágenes y emociones conectadas con los resultados?

Si seguimos la línea de «profundizar en los problemas», corremos el riesgo de perdernos la posibilidad de observar qué de esto que queremos ya existe en la organización como una capacidad real, y cómo podemos aprovechar más – en el día a día – eso que ya existe.

Cuando llevamos esta perspectiva a nuestra práctica de consultoría, usualmente «aparecen» (o «se permiten») preguntas como:

- ¿Cuáles son las mejores esperanzas de los equipos frente a la posibilidad de pasar a Beta?
- ¿Cómo sabremos que los equipos y sus interacciones están siendo cada vez «más Beta»?
- ¿Bajo qué condiciones los equipos se comunican mejor? Y ¿Cómo replicar dichas condiciones?
- ¿Qué diferencia hará en la vida de las personas y equipos el volvernos Beta?

- ¿Cómo podemos aprovechar las diferentes formas de cooperación existentes en los equipos? (en vez de hablar de «resistencia al cambio»)
- ¿Cómo reconoceríamos cambios en nuestros colegas? ¿Cómo reconocerían ellos los cambios en nosotros?
- ¿Cómo observaríamos procesos autoorganizados, autónomos, creativos?
- ¿Cuáles son los recursos con los que contamos para esta transformación?
- ¿Qué señales hay de que ya ha habido experiencias cercanas a Beta?
- ¿Quién notaría primero cuando los cambios y mejoras?
- ¿Qué habilidades trae cada miembro de equipo que pueden ser valiosas para Beta?

Como mencioné, no estamos acostumbrados a este tipo de preguntas, sino – más bien – a tener conversaciones enfocadas en lo que no funciona, en diagnósticos profundos y detallados, incluso en encontrar «causas inconscientes» a problemas o identificación de métricas precisas (¡cuánto daño hacemos muchas veces los gerentes, consultores y coaches bienintencionados cuando nos nos damos cuenta de a qué modelo mental contribuimos!).

La forma de trabajo a la que nos referimos y que aconsejamos para la complejidad es el Enfoque Centrado en Soluciones, desarrollado originalmente por Insso Kim Berg y Steve de Shazer. A continuación haremos algunas distinciones útiles:

Una Actitud enfocada en los Problemas
- Nos da la sensación de «control»
- Nos muestra lo que está mal
- Qué necesitamos corregir
- Incentiva el encontrar culpables
- Busca causas en el pasado
- Requiere de expertos

Supone que necesitamos detalles sobre las debilidades para sobreponernos a ellas

Una actitud enfocada en la Solución
- Nos da la sensación de «fluir»
- Nos muestra lo que ya funciona, así sea parcialmente
- Nos recuerda qué necesitamos mantener
- Incentiva el encontrar progresos colectivos
- Busca recursos en la historia
- No hay más expertos que quienes han cocreado las situaciones, ¡ellos pueden cocrear las soluciones!
- Se enfoca en recursos y posibilidades, simples y aplicables ¡porque ya existen!

¡Ojo! No estamos hablando «actitud positiva» sino de enfoque en lo que la organización ya provee como soluciones y recursos. Nos imaginamos juntos el resultado deseado, miramos hacia atrás para reconocer recursos y detectamos próximos pasos, reconocemos lo que hoy se hace bien y debiera mantenerse, es decir, miramos en la historia para encontrar recursos y cualidades que «queremos empacar» para el viaje.

¿Cómo mantenernos en lo simple?

No buscamos razones ocultas, no interpretamos comportamientos «con segundas intenciones», sino que nos enfocamos en aquello que posibilita, desde lo simple y cotidiano experimentar y cocrear un Estado Beta. Y somos conscientes de que lo que sea que hagamos no importará si no es percibido como diferente por nuestros colegas, por ello, no solo buscamos aquello que se puede hacer diferente en el cambio sino también nos preguntamos ¿cómo lo notarán otros? y ¿cómo apreciamos y celebramos los cambios en nuestros colegas? O sea, buscamos integrar la información que sea valiosa para el proceso de cambio, es decir, parafraseando a Gregory Bateson, buscamos «las diferencias que hacen la diferencia».

Insisto ¿porqué mantenernos en lo simple en medio de la complejidad? Precisamente porque complejo no es complicado. Buscar innecesariamente «claves» en algoritmos o diagnósticos expertos tienden a crear más problemas que abrir espacios para soluciones. Lo que la experiencia nos muestra es que mientras más enfocados en lo básico estamos, más posibilidades generamos. Por ejemplo:

- Es diferente preguntar a un equipo ¿por qué no lo logran? o ¿qué creen que está obstaculizando sus resultados? Que preguntar ¿de alguna manera ya han logrado, por lo menos parcialmente, un comportamiento Beta?
- Es diferente preguntar a un equipo ¿qué les falta para ser más autónomos? Que preguntar ¿en qué medida ya han mostrado autonomía en este proyecto?

Es decir, en vano buscaremos razones de «porqué no funciona», si podemos encontrar juntos razones de «¿cómo hemos logrado que algo de lo que nos proponemos ya funciona?»

Aunque puede parecer extraño cuando se escucha por primera vez, los problemas y las soluciones van por «carriles distintos», esto significa que no hay una relación directa en unos y otros, y por esto podemos usar nuestra energía y recursos directamente cocreando las soluciones. Así que lo que hacemos es observar las condiciones que crean las soluciones y las formas en que los actores interactúan para crearlas y sostenerlas, ¡una clave esencial del enfoque sistémico, tan necesario para la complejidad!

Asimismo, sabiendo que es el sistema en funcionamiento el que ya nos muestra en qué medida las soluciones ya existen, lo que queremos es entender ¡de qué forma estas soluciones pueden ser (re)creadas. Especialmente en contextos de complejidad en que tantos movimientos ocurren al mismo tiempo, nos será de utilidad aprender cómo «el sistema» (equipo, organización) ha sido / es capaz de lograr resultados de una forma ágil, a pesar de tantas obligaciones numéricas o controlistas. Estas «excepciones» o momentos en que los resultados deseados ya han sido cocreados, nos hablan de las posibilidades del sistema en este contexto de complejidad.

Además, manteniéndonos en lo simple evitamos la posición de experto, tan atractiva en el mundo organizacional y tan propia de la «metáfora de la máquina», sino que conectamos con las 3 C, necesarias para la complejidad:

- Curiosidad, para hacer preguntas auténticas, para celebrar diferencias, para salir de los patrones mentales
- Coraje, para tomar riesgos, para probar cosas nuevas
- Compasión, para reconocer cuando algo no está funcionando, para ser empáticos con nosotros y con nuestro entorno

Y a estas 3C, le sumo una G: ¡gratitud para reconocer y apreciar lo que creamos juntos!

Entonces, si la organización es un sistema complejo actuando en un contexto complejo, mejor dicho, en un entramado de contextos, lo que encontraremos no será estabilidad sino movimiento, encontraremos circularidades y múltiples direcciones en vez de «causa-efecto» lineales, y no será útil decidir «como expertos» ya que no hay correctos o incorrectos únicos, sino posibilidades latentes de evolución. Por esto no queremos crear la ilusión de control sino aprender a percibir el movimiento de la organización y reconocer sus recursos y sus soluciones de formas simples y efectivas a partir de la observación de las propiedades emergentes que el sistema ya ha creado en vez de analizar las partes por separado.

¿Cómo podemos empezar?

Comenzando a hablar más de lo que queremos, hablar del futuro preferido de forma tan precisa y detallada como sea posible. Comenzando a reconocernos de forma apreciativa, para construir juntos (mejor dicho, para recordar) las condiciones que nos han permitido actuar con mayor autonomía, así haya sido esporádicamente, incluso si no ha sido valorado oficialmente (¡o incluso penalizado!).

Preguntándonos de forma personal y de forma colectiva ¿cómo nos daríamos cuenta de que las soluciones están presentes? ¿quién lo reconocería en primer lugar? ¿qué más observaríamos? La forma de empezar es, precisamente, ¡empezando!

Una clave más es: mapear los escenarios, simular las soluciones. Uno de los métodos que en nuestra práctica han demostrado una alta efectividad y utilidad en contextos de complejidad es el uso de las Constelaciones Organizacionales, desde la perspectiva del *Systemic Host*, o Anfitrión de Diálogos Complejos, desde una mirada sistémica.

Cuando decimos «sistémico» nos referimos a que vamos a mirar las condiciones y las interacciones que crean los resultados, antes que centrarnos en aparentes «cualidades» o «defectos» individuales.

Entonces, miramos a la organización como un sistema vivo, que se adapta continuamente a las situaciones de complejidad de la mejor manera que le es posible. Si el diseño está basado en «Alfa», las condiciones de adaptación son difíciles. Si el diseño está basado en «Beta», las condiciones de adaptación son – como ya vimos – más simples.

Una actitud útil para acompañar los diálogos que permiten la adaptación es la actitud de un buen anfitrión: cuando recibimos alguien en casa, no lo hacemos porque hemos aprendido una técnica determinada, sino porque esa persona nos importa lo suficiente. Entonces, queremos que se sienta cómoda y escuchada. Y cuando llegan más invitados, queremos que se sientan igual de cómodos y escuchados.

Esta actitud, sumada a la mirada sistémica, es a lo que llamamos *Systemic Host*, una capacidad humana (individual y colectiva) que puede desarrollarse y crear espacios de diálogo generativos prescindiendo de la posición del «experto» y permitiendo que las conversaciones posibiliten el acceso a la sabiduría colectiva, conectada con la complejidad.

Constelaciones Organizacionales

Las Constelaciones Organizacionales – desde la perspectiva del *Systemic Host* – son una forma de diálogo que permiten que los miembros de una organización puedan conversar acerca de las condiciones que crean determinados resultados, reconocer quiénes son los actores principales, los contextos que se tienden a combinar y afectar mutuamente, así como las posibilidades de solución existentes.

Esta tecnología social tiene cerca de 25 años y ha ido evolucionando a lo largo del tiempo, llegando a desarrollarse en diferentes estilos y perspectivas.

Lo que ha sido posible de observar en este tiempo es que esa capacidad de mapeo espacial permite mostrar dinámicas inconscientes en los equipos, proyectos, organizaciones, etc., razón por la cual se vuelve un buen método para:

* Comprender situaciones complejas
* Diagnósticos Organizacionales
* Clarificar siguientes pasos
* Toma de decisiones
* Integración de (aparentes) opuestos
* Conexión con recursos
* Simulación de escenarios
* Cocreación de soluciones colectivas

Como un Mapa Compartido

Las Constelaciones Organizacionales – como tecnología social – son una especie de mapa espacial cocreado por los miembros del equipo o de la organización y, como todo buen mapa, funciona mejor cuando es posible tener coordenadas de orientación, ya que en contextos de complejidad los escenarios suelen estar «aún no cartografiados» pero cuando contamos con información compartida sobre puntos cardinales – por ejemplo – será más fácil llegar a acuerdos viables y aprendizajes continuos.

Por supuesto, es buena idea que los equipos puedan conectar con los recursos y soluciones potenciales que ya traen de su historia, especialmente si quieren tomar una ruta – continuando con la metáfora – que podría parecerles desafiante.

Asimismo, es importante aprovechar las Constelaciones para entender cómo otros elementos o actores del sistema organizacional (ejemplo: aliados, proveedores, clientes, sociedad, etc.) podrían verse afectados por las soluciones y pasos tomados por el equipo.

Como vemos, utilizar Constelaciones Organizacionales nos permite mirar a la organización y sus cambios de forma dinámica y en un contexto relacional mayor, facilitando así que los cambios puedan resultar más orgánicos y sostenibles en el tiempo.

Constelaciones Estructurales

Una de las contribuciones que queremos destacar aquí son las llamadas «Constelaciones Estructurales», creadas y desarrolladas originalmente por Insa Sparrer y Matthias Varga von Kibéd, que tienen enorme utilidad en el campo organizacional pues su enfoque es hacia la estructura y la lógica detrás de los temas a ser observados en la Constelación. De esta forma, el enfoque es más abstracto y evita la distracción de meterse en las «historias» o explicaciones, atendiendo a las posibilidades de cambio estructural en el sistema observado.

Asimismo, una característica especial es que su enfoque es centrado en las soluciones, por lo cual facilita encontrar los recursos y posibilidades existentes – como ya expusimos líneas atrás.

La seguridad psicológica en sistemas Beta

Algo que tienen en común las diferentes propuestas e investigaciones sobre seguridad psicológica en el trabajo en las últimas tres décadas es que un entorno de seguridad psicológica permite:

1. Tomar riesgos operativos (ej: tomar decisiones difíciles)
2. Tomar riesgos interpersonales (ej: dar opiniones distintas a la de la mayoría)
3. Preservar la pertenencia y el buen lugar ganado en la diversidad (ej: saber que está bien ser diferente)

4. Tener relaciones saludables de cooperación y competencia (ej: apoyarse y desafiarse al mismo tiempo hacia la excelencia)
5. Mostrar autonomía (ej: actuar con responsabilidad y rendir cuentas por ello)

Es decir, un entorno de seguridad psicológica incrementará la confianza, la creatividad y la autonomía en el trabajo. Y no necesitamos crear una «gerencia de la seguridad psicológica» para ello ni asignarlo a la gerencia de Recursos Humanos. No necesitamos medirlo. No necesitamos «gestionarlo». No es papel de un «Guardián de la Cultura». Lo que necesitamos es movernos hacia Beta de una forma orgánica y experimentar, como producto de las prácticas Beta, el resultado de la seguridad psicológica.

De «Espacios Seguros» a «Espacios Valientes»

Beta no sólo nos permite experimentar seguridad psicológica, o *safety spaces* (espacios seguros) sino *brave spaces* (espacios valientes); es decir, Beta promueve espacios diseñados para acompañarnos de forma valiente a sostener la incertidumbre, a incrementar la complejidad de los equipos y muchas veces a hablar de aquello que es difícil de ser hablado o integrado (producto de los hábitos y patrones Alfa, tan arraigados).

Por ello, Beta promueve espacios de diálogo generativos e innovadores, no porque sea «una moda» sino porque es posible. Y, una vez más, cuando miramos el anhelo existente en las personas así como el potencial en los equipos para que esto ocurra, estaremos más cerca de que cultivemos juntos los frutos de Beta.

Lo demás

Para profundizar

(Cómo continuar el viaje)

Lecturas recomendadas

Haeckel, Stephan: *Adaptive Enterprise – Creating and Leading Sense-And-Respond Organizations.* HBRP, 1999

Kleiner, Art: *The Age of Heretics: A History of the Radical Thinkers Who Reinvented Corporate Management.* Jossey-Bass, 2nd edition, 2008

Kleiner, Art: *Who Really Matters: The Core Group Theory of Power, Privilege, and Success.* Broadway Business, 2003

Kotter, John: *Leading Change.* HBRP, 1996

Kotter, John/Rathgeber, Holger: *Nuestro iceberg se derrite: Como cambiar y tener éxito en situaciones adversas.* Granica, 2017

McGregor, Douglas: *The Human Side of Enterprise, annotated edition,* McGraw-Hill, 2005

Mintzberg, Henry: *Strategy Bites Back – It Is Far More, & Less, Than You Ever Imagined.* FT Press, 2004

Morgan, Gareth: *Images of Organization.* Sage Publications, updated edition, 2006

Pasmore, Bill: *Creating Strategic Change – Designing the Flexible, High-Performing Organization.* Wiley, 1994

Peters, Tom: *Re-Imagine! Business Excellence in a Disruptive Age.* DK Publishing, 2003

Pflaeging, Niels: *Heroes of Leadership – The Men and Women Who Advanced Organizational Thinking in Theory and Practice.* BetaCodex Network white paper, 2013

Pflaeging, Niels: *Turn Your Company Outside-In! – A Paper on Cell Structure Design.* BetaCodex Network white paper, 2012

Purser, Ronald/Cabana, Steven: *The Self-Managing Organization – How Leading Companies Are Transforming the Work of Teams for Real Impact.* Free Press, 1998

Seddon, John: *Freedom from Command and Control – Rethinking Management for Lean Service.* Productivity Press, 2005

Weisbord, Marvin: *Productive Workplaces – Dignity, Meaning, and Community in the 21st Century,* 3rd Edition. Pfeiffer, 2012

Material complementario en línea y contenidos de vídeo

Ver lo relacionado en línea
contenido de video por Niels

Ver **contenido de video
por Niels en Castellano**

Ver **videos del podcast
BetaCodex LIVE**

Leer **artículos de Niels
en LinkedIn**

Leer los **white papers de
BetaCodex Network**

Leer **artículos** recomendados
por el BetaCodex Network

Revisar la lista recomendada
de **libros Beta**

Escuchar **contenido audio
de BetaCodex Network**

Contenido on-line extra: Recursos adicionales están disponibles en la página
web de Red42: www.redforty2.com

Algunos white papers del BetaCodex Network, relacionados con el tema

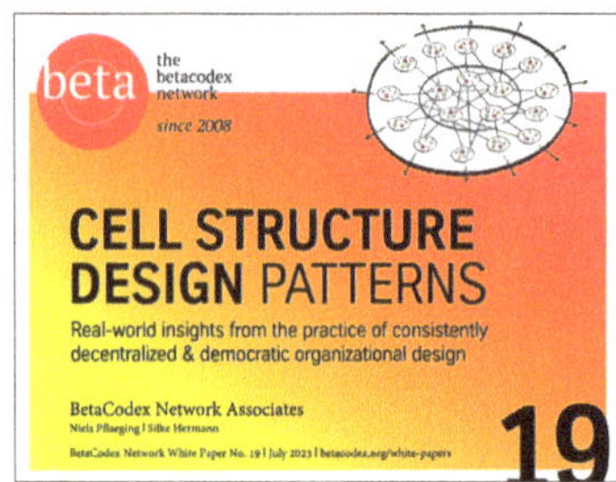

**Cell Structure Design Patterns.
BetaCodex Network white paper
No. 19**
Niels Pflaeging y Silke Hermann
2023

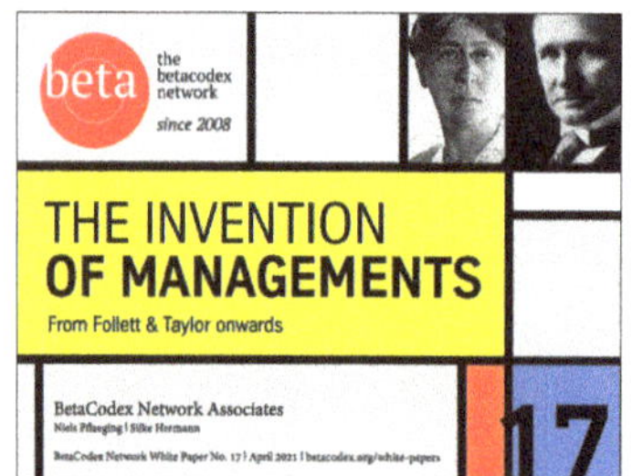

**The Invention of Managements.
BetaCodex Network white paper
No. 17**
Niels Pflaeging y Silke Hermann
2021

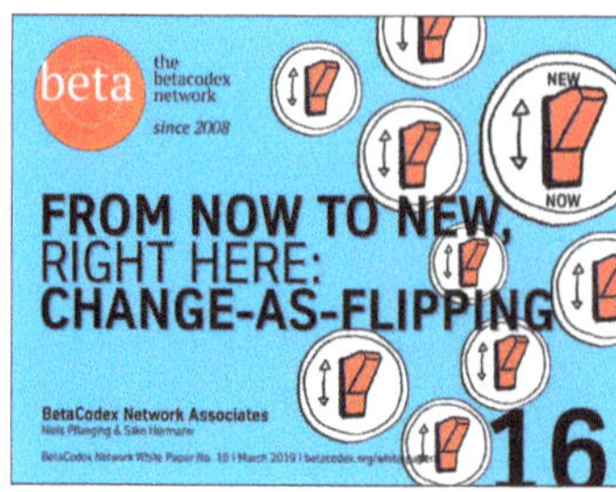

**From Now to New, Right Here.
BetaCodex Network white paper
No. 16**
Niels Pflaeging y Silke Hermann
2019

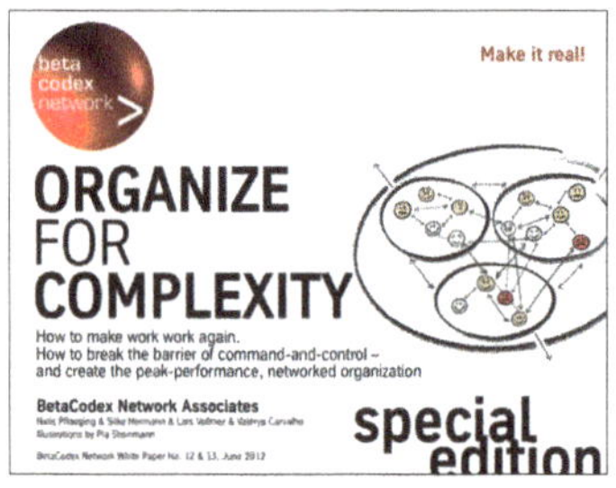

**Organize for Complexity.
BetaCodex Network white paper –
Special Edition**
BetaCodex Network Associates
2012

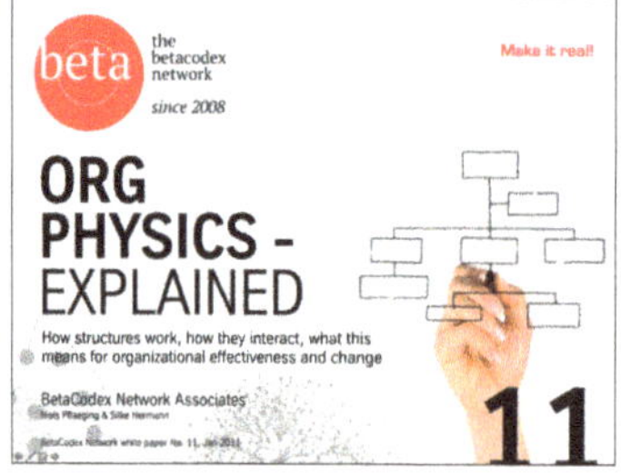

**Org Physics – Explained.
BetaCodex Network white paper
No. 11**
Niels Pflaeging y Silke Hermann
2011

**Making Performance Work.
BetaCodex Network white paper
No. 10**
BetaCodex Network Associates
2009/2013

Los white papers están disponibles para ser descargados desde www.betacodex.org/white-papers

Otros libros de Niels Pflaeging y Julio Príncipe

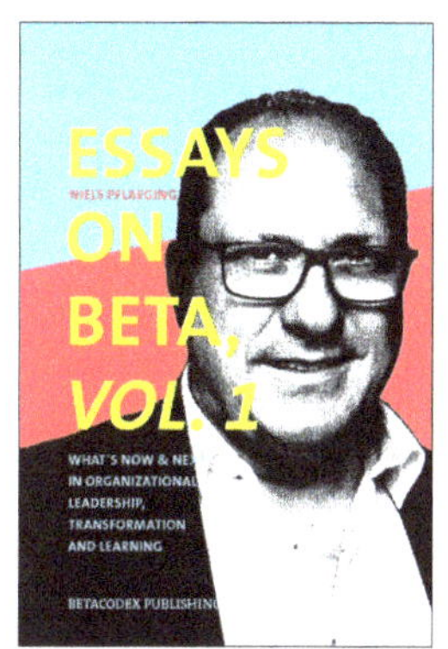

**Essays on Beta, Vol. 1.
What's now & next in
organizational leadership,
transformation and learning**
Niels Pflaeging
BetaCodex Press.
2020, Paperback/eBook.
ISBN 978-3-9484710-0-2

www.betacodexpress.com

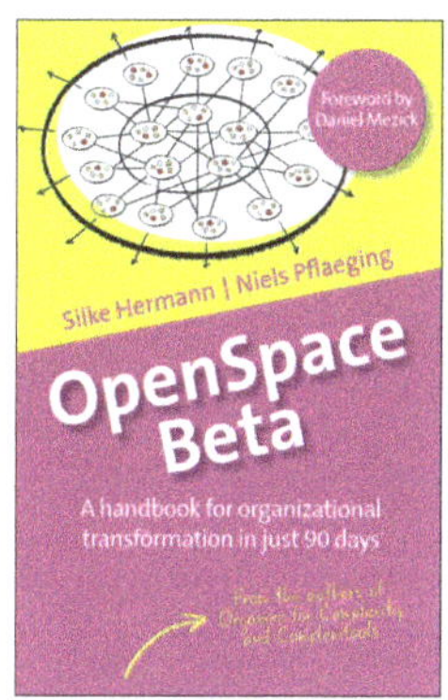

**OpenSpace Beta.
A handbook for organiza-
tional transformation
in just 90 days**
Silke Hermann/Niels Pflaeging
BetaCodex Press, 3rd ed.
2023, Paperback/eBook.
ISBN 978-0-9915376-6-2

www.betacodexpress.com

También disponible:
OpenSpace Beta posters,
Ultimate Changemaker Box,
carteles ¡y más!

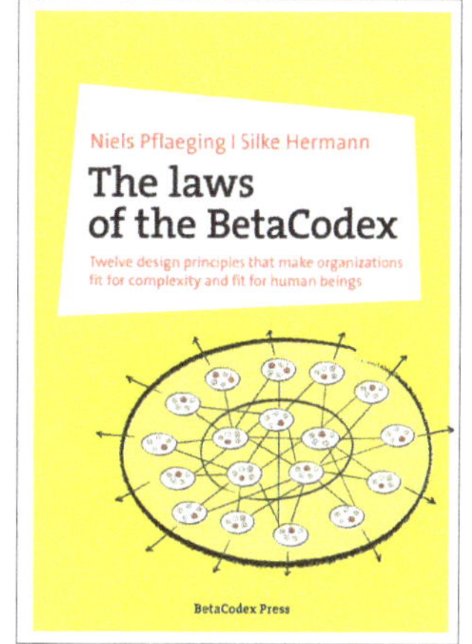

**The laws of the BetaCodex.
Twelve design principles that
make organizations fit for com-
plexity and fit for human beings**
Niels Pflaeging/Silke Hermann
BetaCodex Press 2023.
Paperback/eBook.
ISBN 978-3-9484712-6-2

www.betacodexpress.com

**Constelaciones
organizacionales.
Historias de la
consultoria sistémica**
Julio Príncipe
Empresa Activa 2016.
Paperback/eBook.
ISBN 978-9-8736881-2-6

www.edicionesurano.com

Sobre los autores

Niels Pflaeging es empresario, consultor, conferencista internacional que vive en Wiesbaden, Alemania. Como asesor-consultor, ayuda a directivos y organizaciones de todo tipo a dominar el cambio profundo. Al principio de su carrera profesional, trabajó como *controller* en empresas industriales multinacionales. Entonces descubrió su pasión por la transformación organizacional, a la que se dedica a tiempo completo desde 2003, en diversas funciones. Durante cinco años, entre 2003 y 2007, fue director de la *Beyond Budgeting Round Table* BBRT, un *think tank*. Luego fundó la red BetaCodex. En 2018, junto con Silke Hermann, puso en marcha *Red42*, con la cual los dos desarrollan, promueven y aplican tecnologías sociales altamente innovadoras y eficaces para la transformación organizacional. Desde el principio quiso experimentar y comprender el mundo. Así que buscó oportunidades para conocer diferentes culturas y países, y trabajar en contextos diversos. Vivió en Sevilla, España, y en Buenos Aires. En São Paulo, Brasil, durante unos 12 años, y en Nueva York, durante cinco años. A través de su trabajo, encontró oportunidades para ganar experiencias en diversas culturas, y se acostumbró a trabajar en cuatro idiomas – incluyendo el español. Desde 2011, ha enseñado liderazgo y alto desempeño en la complejidad en varias universidades y escuelas de administración. Es un dedicado promotor y activista de una profunda reforma dentro de la educación empresarial. Niels disfrutará de tener noticias tuyas.
E-mail: niels.pflaeging@redforty2.com.

Julio Príncipe se considera un «Jardinero Sistémico», esto significa que acompaña a personas, equipos y organizaciones a lograr transformaciones con curiosidad, tomando riesgos y confiando en que son sus Clientes («los dueños del jardín») quienes saben lo que quieren y a dónde quieren llegar si sabemos hacer preguntas buenas y sencillas, enfocadas en comprender y movilizar las condiciones que propician los cambios. Es socio fundador de *Congruencia SAC*, una de las compañías de consultoría sistémica referentes en habla hispana. Como consultor, coach y trainer ha trabajado de forma presencial en doce diferentes países (en español, inglés y portugués) y acompaña el logro de metas de sus clientes desde abordajes innovadores como Warm Data Lab®, Constelaciones Organizacionales, Coaching Sistémico y el Enfoque Centrado en Soluciones. En sus últimos años su trabajo ha estado enfocado en la adaptación continua a contextos complejos y a reconectar con las organizaciones como sistemas vivos. Este fue el puente que unió a Julio con Niels.
E-mail: julio@congruencia.pe.

Sobre este libro

Organizar para la Complejidad resultó ser muy diferente a mis libros anteriores.
Me gustó adquirir cierta experiencia en la escritura y la publicación sobre el liderazgo. Entre los años 2003 y 2011, escribí muchos artículos, así como tres libros en total, entre ellos *Leading with Flexible Targets* (Liderar con objetivos flexibles) y *Bye-bye Management!* (¡Adiós, Management!), que se publicaron en alemán y en algunos otros idiomas. Me alegró que las reseñas y los comentarios de los lectores y los críticos fueran siempre predominantemente positivos, incluso entusiastas. Incluyendo algunos premios de libros de negocios.

Pero no pude evitar darme cuenta de que las ideas sobre el liderazgo, el cambio y el aprendizaje que respaldaba en mis libros solo alcanzaban y (lo que es más importante) tocaban a una pequeña parte de su público objetivo. Quería que mis lectores tuvieran una experiencia tan intensa, divertida y atractiva como la que veía en mis talleres, seminarios y conferencias. Pero eso no parecía ocurrir con los libros. El formato tradicional de libro de texto puede transmitir ese tipo de experiencia a algunos, pero desde luego no a todos.

Así que con éste, he intentado un nuevo enfoque del libro de negocios. Está pensado para llegar tanto a los «lectores» como a los «no lectores». A los que les gustan las palabras. A los que les gustan las imágenes, lo visual, el color, lo lúdico, lo estético. Y a los que quieren divertirse mientras aprenden algo útil sobre negocios, organizaciones y liderazgo. Este libro está diseñado para ser «leído» y experimentado de muy diversas maneras. Todos los conceptos presentados en este libro están basados en la investigación y probados en la práctica.
Revisa el BetaCodex Network aquí: www.betacodex.org

Escribir, editar y publicar este libro fue muy diferente a lo que experimenté con mis otros libros. Fue un proceso mucho más íntimo: abordar la obra sin un editor tradicional me dio el control total sobre todos los elementos del libro, por primera vez. Lo cual fue y es realmente refrescante y emocionante. Espero que este libro sea el comienzo de un viaje de descubrimiento para ti. ¡Espero que lo disfrutes y que te inspire a actuar!

Niels Pflaeging

¡Gracias!

Niels Pflaeging agradece

Mi agradecimiento especial a mi inconformista compañera, colaboradora, musa y esposa,
Silke Hermann. Encuentro rastros de ella en cada página, en cada párrafo de este libro. Ella dio forma
al concepto de esta obra y su orientación editorial influyó en cada etapa del proyecto. Gracias a mi
amiga y colaboradora Valérya Carvalho, que contribuyó al proyecto durante el concepto, el desarrollo
del manuscrito y las fases de revisión. A la diseñadora gráfica Pia Steinmann. Sin ella, llevar este libro a la
vida no hubiera sido posible. Mi coautor de esta edición del libro, Julio Príncipe. ¡Espero y deseo que este
libro solo marque el comienzo de una colaboración larga y fructífera!

A Jurgen Appelo, cuyos dibujos a mano me inspiraron originalmente para conceptualizar el libro blanco
llamado Organize for Complexity. Jurgen me dio generosamente permiso para utilizar sus ilustraciones
en las primeras versiones de la publicación *online*. A mi mentor de varios años, el teórico de sistemas
Gerhard Wohland, para los muchos modelos y herramientas de pensamiento a los que se hace referencia en este libro. A mis amigos y colegas *online* y *offline* que me apoyaron en el camino, como François
Lavallée, Agnes Legrand, Peter Han, Paul Tolchinsky, Bill Pasmore, Robin Fraser, Gebhard Borck, Andrej
Ruckij, Sasha Spencer, Jay Cross, Sergio Mascheretti, Harold Jarche, Jon Husband, Edward McCubbin, Selcuk Alimdar, Walter Larralde, Jeannina Valenzuela, Diego Lladó, Roberto Ebina, Patricia Sampaio, Teresa
Oliver, Marc Florit, Jaume Jornet, Sergi Mussons.

Julio Príncipe agradece

A Niels Pflaeging, quien me invitó a colaborar con él en este su libro, que generosamente se volvió nuestro libro en esta su primera edición en español. Estaré muy feliz de seguir cocreando con tanto profesionalismo, confianza y diversión.

A mi familia, Mónica y Sofía, por el apoyo continuo. A mis socios en Congruencia SAC y a nuestros Clientes, colegas y participantes de nuestros entrenamientos en todo el mundo, con quienes hemos conversado y trabajado conceptos y modelos de consultoría sistémica y complejidad, como los que aparecen en
este libro, de forma muy especial en los últimos años.

A María Fernanda Castillo, a Titi Vergara y a todo el equipo de Planeta, por su confianza de tantos años.

Libros, carteles y paquetes de aprendizaje
que apoyrán su transformación organizacional –
todo en www.redforty2.com/shop

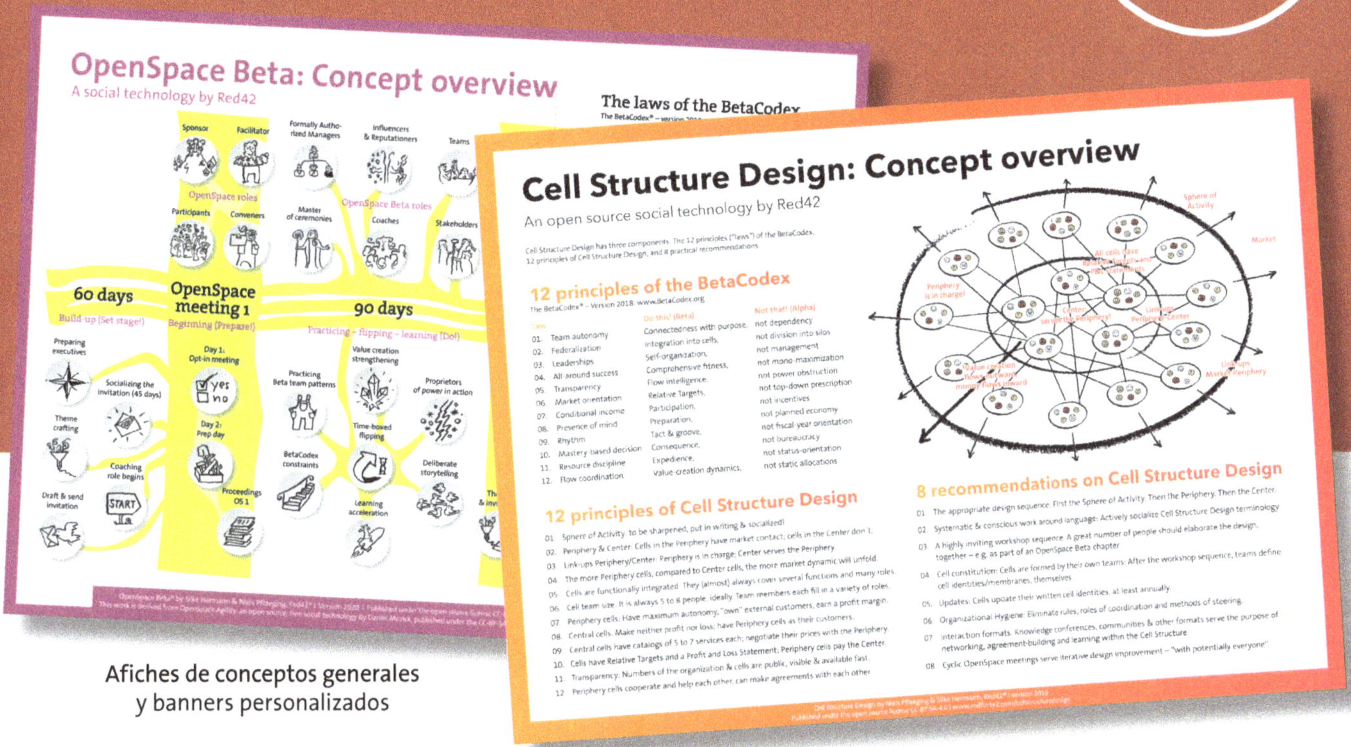

Afiches de conceptos generales
y banners personalizados

Cajas de aprendizaje, tarjetas y más.
Descuentos atractivos por volumen.

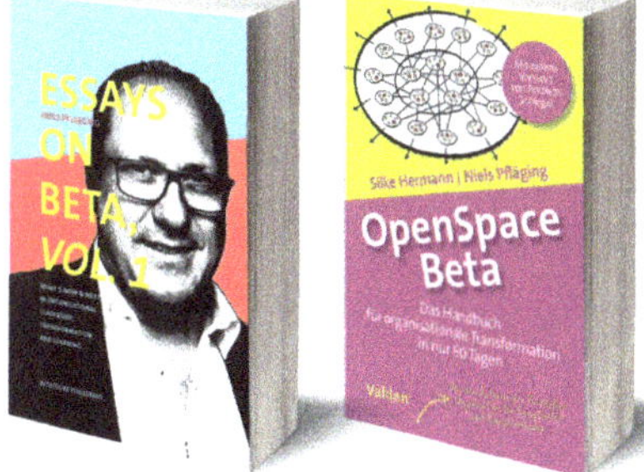

Paquetes de libros con descuentos
atractivos. Envíos internacionales.

www.betacodexpress.com

www.redforty2.com/shop